분노심리와 성격
이해하고 다루기

분노심리와 성격
이해하고 다루기

ⓒ 김용은, 2025

초판 1쇄 발행 2025년 1월 9일

지은이   김용은
펴낸이   이기봉
편집   좋은땅 편집팀
펴낸곳   도서출판 좋은땅
주소   서울특별시 마포구 양화로12길 26 지월드빌딩 (서교동 395-7)
전화   02)374-8616~7
팩스   02)374-8614
이메일   gworldbook@naver.com
홈페이지   www.g-world.co.kr

ISBN   979-11-388-3885-6 (03180)

분노심리와 성격 이해하고 다루기

| 인간의 성격과 분노심리의 역동성 |

김용은 지음

서문

　최근 들어 우리나라는 순간적인 감정을 제대로 조절하지 못해 극단으로 치닫는 '분노범죄'가 늘어나고 있다. 경기도 양주시의 한 마트에서 50대 여성이 계약금을 돌려받지 못하자 자신의 몸에 불을 붙여 분신자살했다. 서울 강남구 역삼동의 한 분식집에서는 가게 주인이 평소 알고 지내던 손님과 술을 마시다가 국물이 짜다는 말에서 비롯된 말다툼 끝에 주방에서 흉기를 들고 나와 손님을 찔러 숨지게 했다. 지난 3월 25일 세종시에서는 강 모(50) 씨가 사실혼 관계에 있던 김 모(48여) 씨와 1년 6개월 전 헤어진 이후 같이 운영을 했던 편의점 재산 분할로 갈등을 겪다가 옛 동거녀 가족 3명을 엽총으로 죽이고 자살하는 사건이 발생했다. 끔찍한 사망 사건이 발생한 지 불과 이틀 뒤 27일에는 화성에서 70대 남성이 80대의 형 부부와 파출소장을 엽총으로 쏴 숨지게 하고 자신도 총으로 자살하는 사건이 발생해 또 한 번 국민들을 충격 속에 빠지게 했다. 분노로 인한 범죄는 이뿐만이 아니다. 차선을 양보하지 않는다며 삼단봉을 마구 휘두르는가 하면, 주차 시비에 끝에 상대방을 야구방망이로 폭행한 사건, 결별 요구하는 여자 친구를 차량으로 들이받는 사건까지. 모두 한 순간의 분노를 참지 못해 발생하는 전형적인 분노범죄가 늘어가고 있

　분노심리와 성격 이해하고 다루기

다. 분노범죄는 단순히 개인적인 문제가 아니다. 분노범죄 즉 성격(인격)및 행동 장애로 인한 문제는 개인적인 문제를 넘어 사회적인 문제로 이어지기 때문이다. 가정 내에서 발생했을 경우에는 존속범죄가 되며, 사회적으로 발생이 됐을 때는 불특정 다수를 향한 무동기범죄 즉, 묻지마식 범죄로 이어지기 때문이다. 묻지마식 범죄는 전이된 공격성으로 자신과 전혀 연관이 없는 대상으로 범죄가 일어난다는 데 심각성이 있다.

　2012년 형사정책연구원의 분석 결과를 보면 우리나라의 5대 강력 범죄(살인, 강도, 강간, 폭행, 절도)의 범행동기 1위는 '우발적 요인'이었다. 건강보험심사평가원이 발표한 2010~2014년까지 최근 5년간의 자료를 보면 '성인성격 및 행동장애'의 환자 수가 한 해 1만3000~1만4000여 명에 이른다고 한다. 남성이 여성보다 2배 이상 더 많은 것으로 나타났다. 2014년 기준으로 20대는 전체 진료 인원의 28%로 가장 높은 비율을 차지했다. 30대 18.4%, 10대 17.3% 순이었다. 통계자료에서 보듯이 현재 우리 사회는 성격장애와 행동장애로 인한 범죄가 늘어가고 있다. 특히 가장 혈기가 왕성하고, 사회활동이 많은 10~30대가 전체의 63.7%로 비율이 가장 높다. 그만큼 우리 젊은 세대들이 스트레스와 사회환경 그리고 인간관계에서 갈등을 대처하는 데 많이 미숙하다는 것을 보여주고 있다. 성격(인격)장애는 정상적인 사회적 기능을 하는 데 어려움이 있다. 성격장애는 성격 이상으로 지나친 의심, 냉담함, 공격성 등이 지속적으로 나타날 때를 말하며, 끊임없이 대인관계에서 문제를 일으키고, 의심하고, 법과 질서, 도덕, 윤리적인 문제 등의 사회규범을 어기는 행동을 한다. 행동장애는 '습관 및 충동조절장애'로 명백한 동기가 없는 반복적 행동이 특징으로 간헐적 폭발성장애, 병적 도박, 방화, 도벽 등이 있다. 자신의 감정을 적절히 다루지 못하고 폭발적으로 분노를 표출하는 경우도 여기에 해당한다. 분노조절장애 증상으로 병원을 찾는 환자도 건강보험심사평가원 자료에 의하면 최근 5

년간 32.6%가 증가했다. 성격장애 및 행동장애는 해마다 늘어나고 있는 것으로 나타나고 있다.

문제는 성격(인격)및 행동장애가 범죄로 이어질 수 있다는 점이다. 2011~2013년 경찰청 통계에 따르면 한해 우발적인 이유로 폭행 범죄를 저지른 사람이 5만여 명이나 되고 상해 범죄를 일으킨 사람도 5만 명이나 된다. 이러한 성격 및 행동장애를 일으키는 원인은 다양하지만 크게 사회 환경과 인간관계에서 오는 갈등을 적절하게 해결하지 못하는 데 원인이 있다. 우리나라는 세계에서 유래를 찾기 힘들 정도로 빠른 경제 성장을 했다. 지금도 빠른 성장을 향해 달려가고 있다. 이에 따른 사람들의 심리적 압박, 스트레스, 갈등, 상처 등이 많이 발생하는데 이것을 적절히 걸러 줄 시민의식이나 사회환경, 제도적 장치가 부족하기 때문이다. 경쟁사회에서 밀려나지 않기 위해서는 내 주변 사람들이 모두 경쟁 상대가 되었다. 경쟁에서 위축되거나 밀려날 경우 위로를 받거나 도움을 받지 못하고 패배자나, 낙오자가 되어 상대적 박탈감에 빠지기 쉽다. 또한 성장과정에서 자신의 감정이나 욕구, 갈등을 원만하게 해결하는 과정을 가정과 학교 교육을 통해 적절한 사회화 학습이 부족했기 때문에 성격 및 행동장애가 늘어가고 있다.

1부에서는 건강과 스트레스(stress)에 대한 이야기를 하려고 한다. 현대를 살아가는 우리에게 건강이란 어떤 의미이며, 어떻게 사는 삶이 건강한 삶인지를 생각해 보려고 한다. 우리의 건강과 스트레스는 어떠한 밀접한 관계를 가지고 있는지, 스트레스가 우리의 삶에 얼마나 많은 영향을 주고, 위험한지를 살펴볼 것이다. 유비무환(有備無患)이란 말이 있다. "준비가 되어 있으면 근심이 없다"라는 뜻으로 미리 준비가 되어 있으면 어려움을 당해도 유연하게 대처할 수 있다. 건강과 스트레스의 연관성을 통해 스트레스가 정서에 미치는 부정적인 영향과 질병을 잘 알고

분노심리와 성격 이해하고 다루기

대비한다면 스트레스를 보다 유연하게 대처하고 건강한 삶을 유지하는 데 도움이 될 것이다.

2부에서는 우리가 현재의 삶을 살아갈 때 가장 중요한 성격에 대해서 살펴볼 것이다. 성격(personality)이란 한 개인이 가지고 있는 고유의 성질이나 품성을 말한다. 일반적으로 성격은 자신이 타고난 유전과 환경 속에서 형성된다고 본다. 성격은 인간관계를 맺는 중요한 요소이다. 인간관계는 우리를 움직이고 살아가게 하는 원동력이라고도 할 수 있다. 하지만 많은 현대인들이 성격장애(인격장애)로 인간관계에 많은 어려움과 갈등을 겪고 있다. 성격장애는 자신의 부적응적인 문제를 타인이나 사회로 돌리고, 현실에 적응하지 못하는 정신장애이다. 많은 현대인들이 성격장애로 대인관계나 사회생활에 적응하지 못하거나 갈등의 원인이 되고 있다. 그로 인해 본인은 물론 타인들까지 힘들게 하고 있다. 인간의 성격은 타고나 기질(유전) 뿐만 아니라 양육, 교육, 사회환경 등으로 형성된다. 부적응적 성격형성의 원인과 성격장애의 분류를 통해 성격장애에 대한 이해를 돕고 건강한 성격형성과 치료적 방법에 대해 살펴볼 것이다.

3부에서는 현재 많은 사회불안 요소로 나타나고 있는 '분노'에 관하여 살펴보고자 한다. 분노는 인간의 감정 중의 하나이며, 인간 사회를 이끌어가는 원동력이다. 그러나 분노의 강한 에너지가 부정적 감정에 휩싸여 개인은 물론 사회를 불안하게 만들고 있다. 기본적으로 분노가 무엇이며, 분노가 우리의 정신과 신체에 어떻게 영향을 주고 있는지와 분노의 기능과 분노가 자신과 사회에 주는 부정적인 영향을 다룰 것이다. 특히 분노 행동방식에 따라 분노의 유형을 구분하여 설명하였다. 모든 사람이 같은 상황에서 같은 방식으로 분노의 반응을 하는 것은 아니다. 분노는 사람마다 분노반응, 진전속도, 행동방식에 따라 다르게 나타난다. 이는 사람마다 분노의 감정에 휩싸이는 원인이 다르다는 것이다. 자신의 분노감정의 원인을 보다 객관적으로 살펴보고 대처 방법에 대해 이야기할 것이다. 자신의 분노감정의 원인을 보다 객관적으로 볼 수 있다는 것은 그만큼 자신과 타인을 이해할 수 있는 마음의 문이 넓어지는 것이다. 즉, 대인관계에서 갈등을 유연하게 대처할 수 있는 능력이 성장하고 성숙되어지는 것이다. 자신의 분노를 건강하게 다스리고, 분노의 감정이 부정적 감정에 휩싸여 공격성으로 표출되지 않도록 하기 위해서는 분노의 감정을 건강하게 표현하는 '마음표현 훈련'이 필요하다.

성격(인격)및 행동장애는 청소년기 이전에 고치지 않으면 성인이 되어서는 고착되어 습관화, 성격화되기 때문에 적절한 치료 시기 및 교육과 훈련이 필요하다. 가정에서부터 아이의 욕구와 감정이 적절하게 수용되고 표현 될 수 있도록 부모의 양육태도가 중요하다. 학교에서는 인성교육은 물론 부적응 학생들을 위한 치유 프로그램을 적극적으로 도입해야 한다. 성격(인격)및 행동장애 환자가 스스로 자신의 문제를 인정하고, 치료받기 위해 정신건강의학과나 심리상담센터를 찾아가기는 어렵다. 그러기 때문에 주위의 많은 관심과 격려, 배려 그리고 적극적인 권유가 필요하다. 성격(인격)및 행동장애의 치료는 쉽지 않다. 하지만 적극적인 약물 및 상담치료를 받으면 예후가 좋다. 성격(인격)및 행동장애의 관심과 적절한 치료는 자신은 물론 가족, 주변 사람들과 우리 사회를 건강하게 성장하도록 하며, 행복한 삶을 살 수 있게 한다. 그러므로 성격(인격)및 행동장애는 우리 모두가 관심과 책임 의식을 갖고 적극적인 치료적 접근이 필요하다.

마지막으로 자신의 분노심리의 역동성을 객관적으로 이해할 수 있도록 분노유형 검사지를 별첨으로 수록하였다. 분노심리 역동성 검사는 미국의 분노전문가인 로럴드 T 포터 에프론 박사(Ronald T. Potter-Efron.)의 분노유형의 모델을 기준으로 검사지를 개발하였다. 10년 동안 현장 임상을 통해 검사지의 타당도와 신뢰도를 검증하였다. 분노심리 역동성 검사는 자신의 분노유형을 진단할 수 있으며, 분노의 감정을 스스로 통제하고 잘 대처할 수 있도록 돕는다. 자신뿐만 아니라 다른 사람의 분노심리의 역동성을 이해할 수 있어 인간관계에서 오는 오해와 갈등 그리고 분노의 공격성을 지혜롭게 대처하고 개선하도록 도울 것이다. 자신에 대한 이해와 성찰은 진정한 화해와 건강한 성격의 성장과 숙성한 대인관계를 유지하고 타인과 신뢰할 수 있는 관계를 만들어 가도록 할 것이다.

한국에니어그램 심리역동연구소에서

김용은

차례

제 1부

건강과
스트레스

1장
건강

1) 건강이란?

　건강의 사전적인 의미는 정신적, 육체적으로 아무 탈이 없고 튼튼한 상태를 말한다. 즉, 건강이란 육체적, 정신적으로 질병이나 이상이 없고, 개인적으로 정상적인 생활을 영위할 수 있는 신체 상태를 말한다. 하지만 인간은 개인적인 존재이며, 사회적 존재이다. 개인이 사회적 관계를 통해 사회생활에 의존하는 경향이 커짐에 따라서 사회가 각 개인의 건강에 기대하는 것도 많아졌기 때문에 이제는 정신적, 육체적인 건강을 넘어 사회적 건강성이 강조되고 있다. 세계보건기구(WHO World Health Organization)는 세계의 모든 사람들이 가능한 한 최고의 건강 수준에 도달하는 것을 목적으로 1948년에 설립한 국제기구이다. 세계보건기구 헌장은 건강의 정의를 육체적으로, 정신적으로, 사회적으로 완전히 행복한 상태를 말한다. 단순히 질병에 관한 것만을 지칭하는 것이 아니라고 정의한다. 사람은 인종, 종교, 정치, 경제, 사회의 상태 여하를 불문하고 높은 수준의 건강을 누릴 권리가 있다는 것을 명시하고 있다. 인간을 이해하는 데 있어서 인간은 육체적인 존재이

　　분노심리와 성격 이해하고 다루기

면서 동시에 정신적 존재이며, 사회적인 존재로서 복합적이고 상호관계적인 틀 안에서 이해해야 하는 것이다. 즉 건강이란 단순히 질병이 없는 상태를 말하는 것이 아니라 정신적으로나 심리적으로 부적응 상태에 있지 않고 사회적 활동과 대인관계를 잘 맺으며 자신의 재능과 능력을 잘 발휘하여 성취감과 만족감을 느끼며 살아가는 삶이 건강이고, 건강한 삶이다. 즉, 사회적 관계를 맺으며 자아실현을 통해 행복감을 느끼며 살아가는 삶이라고 정의할 수 있다. 그래서 우리나라 헌법에서도 건강을 '모든 국민이 마땅히 누려야 할 기본적인 권리'라고 규정하고 있다. 건강을 하나의 기본권적 개념으로 보고 있다.

2) 현대인들의 건강

우리나라의 빠른 경제성장과 현대산업구조는 외형적인 성장을 이루어 냈지만, 사람들로 하여금 조화로운 삶을 살아가는 데 어려운 환경을 만들었다. 서양의 800년 역사가 일본에서는 130년, 일본에서의 130년 역사가 한국에서는 불과 30년 동안 이루어졌다고 말한다. 현대사회의 급격한 변화와 성장은 사람들을 정신없이 허덕이며 앞만 보고 달려가게 했으며, 이는 고도의 긴장감과 불안으로 탈바꿈하게 했다. 불안은 다시 분노로 전환되어 사회 이곳, 저곳에서 분별없이 터지고 있다. 이것이 우리나라의 현실이다. 안정감을 상실한 사람들은 자신들이 어디로 가야 할지를 몰라 이리 뛰고, 저리 뛰고, 부딪치며, 쓰러지고, 방황하는 사람들이라고 할 수 있다. 수많은 사람 속에서 서로 부딪치며 살고 있지만 정작 사람들은 외로움에 병들어가고 있다. 인간은 누구나 꿈과 소망을 가지고 산다. 그러나 누구나 다 자신의 꿈과 소망을 다 이루지는 못한다. 더욱이 현대사회는 누가 더 많은 능력을 소유하고 있느냐, 누가 더 경쟁력을 가지고 있느냐에 따라 평가 되고 있는 시대이다. 살아남기 위해서는 얼굴을 매일 맞대고 웃으며 지내는 상대도 한편으로는 내가 이겨야 할 적이다. 사람들은 이처럼 살아남기 위한 싸움을 늘 하면서 불안과 초조로 사로잡혀 사는 사람들이라고 할 수 있다. 인간의 꿈과 소망은 희망과 밝은 미래를 보여준다. 하지만 현실은 그렇지 못하다. 꿈과 소망이 어느 순간 산산이 조각나 버리며, 자신의 욕구가 좌절되는 아픔을 경험하며, 심한 충격으로 깊은 불안과 두려움 속에서 아파하고 있다. 사회 양극화와 함께 현재 우리 사회가 안고 있는 중요한 문제이다.

3) 건강한 사회

에릭슨(Erikson)을 비롯하여 현대 심리학자들은 한 사람이 태어나서 죽기까지 많은 위기를 겪을 수밖에 없다고 말한다. 그렇지만 이상하게 들릴지 몰라도 사람들은 이 고통을 기뻐해야 한다고 말한다. 왜냐하면 고통 가운데 아파한다는 것은 자신의 인격을 변화와 성장을 시킬 수 있는 힘이 있다는 신호이기 때문이라고 말한다. 이 고통의 순간을 건전하게 잘 처리할 때 인간은 영적으로나 정신적으로 성장을 하며, 많은 교훈을 얻게 되고 성장과 발전의 계기로 삼아 더 강하고 단단하게 성장시키는 결과가 될 수 있다는 것이다. 하지만 반대로 이 고통의 경험이 인간의 성장을 방해하고 파멸시켜, 절망하고 좌절해 가는 사람으로 만들어 결국 개인은 물론 그 사회까지 미래를 기대할 수 없게 만들 수 있다고 한다(정태기, 2005). 발달심리학자인 에릭슨(Erikson)은 아이가 정서적으로 성장이 중지되는 이유를 부모가 정서적 돌봄이 미숙하거나 부모로부터 성장에 필요한 욕구나 지지를 전혀 받지 못했기 때문이라고 말한다. 우리 사회는 경제적으로 많은 성장과 물질적인 풍요는 이루었다. 하지만 우리 사회의 건강성은 어쩌면 어린아이 같을지도 모른다. 몸은 다 성장하였지만 충분한 정서적 욕구와 위로, 지지, 적절한 좌절감을 경험하지 못하고 상처와 아픔이 내면에 가득한 역기능 가정에서 성장한 성인아이 같은 존재일지 모른다. 현재 우리 사회는 많은 고통과 좌절, 절망, 불안, 두려움 등의 위기를 겪고 있다. 우리나라 헌법 제10조는 '모든 국민은 인간으로서의 존엄과 가치를 가지며, 행복을 추구할 권리를 가진다.'라고 명시되어 있다. 제35조에서 '모든 국민은 건강하고 쾌적한 환경에서 생활할 권리를 가지며, 국가와 국민은 환경보전을 위하여 노력하여야 한다.'고 규정하고 있다(국가법령정보센터). 즉, 대한국민의 국민은 누구나 가장 소중하고 존엄한 존재로 대우를 받아야 하며, 건강하고 쾌적한 환경에서 행복한 삶을 누릴 권리를 가진다는 것이다. 그러므로 국가는 건강한 사회를 만들기 위해 법과 정책을 계획하고 환경을 만드는 것이 책무이고, 국민은 이러한 건강한 사회에서 행복한 삶을 누리는 것이 권리라는 것이다. 그렇다면 에릭슨(Erikson)의 말처럼 위기를 성장과 발전의 원동력으로 승화시키기 위해서는 먼저 국가가 우리 사회가 안고 있는 문제에 대해서 적극적으로 대처해야 한다. 또한 개인은 물론 사회 전체가 의식변화와 다양성을 인정하는 사회가 되어야 한다. 서로를 다른 점을 인정하고 수용할 수 있는 사회, 개인의 선택, 의지, 노력이 인정받는 사회, 동등한 권리와 기회가 있는 사회, 경쟁이 아닌 서로 나누고, 위로하고, 배려하며 함께 살아가는 건강한 사회를 만들어야 한다.

2장
스트레스

1) 현대인들의 스트레스

현대사회는 나날이 복잡해지고, 빠르게 변화하고 있다. 이러한 사회구조는 현대인들에게 과도한 업무와 경쟁 속에서 살아가도록 하고 있다. 그러한 와중에서도 삶의 의미를 찾으며 살아가야 하는 막중한 과제를 안고 있다. 막중한 과제는 성인이 되어서부터 시작되는 시련은 아니다. 아이들은 초등학교 때부터 입시경쟁 속에서 살아야 하는 학업으로 인해 어려서부터 불안과 경쟁 속에서 살고 있다. 사회적 존재로서 많은 대인관계를 맺으며 내가 아닌 나로 살며(persona), 현대인들은 누구나 스트레스(stress)를 경험하며 살아가고 있다. 스트레스는 정신적, 신체적, 감정적 부담이나 긴장으로 우리 몸이 자연스럽게 반응한다. 적당한 스트레스는 사람들에게 에너지를 불어 넣는 역할을 한다. 하지만 스트레스는 만병의 근원이라는 말이 있다. 과도한 스트레스는 정신적, 육체적, 감정적 부담이나 긴장을 넘어 우리를 무기력하게 만들고 정신적으로, 신체적으로, 사회적으로 위축시킨다. 이처럼 현대인들은 성인들뿐만 아니라 아이들도 자신의 삶속에서 여러 가지 스트레스

분노심리와 성격 이해하고 다루기

(stress)를 경험하며 건강을 위협받고 있다.

2) 스트레스의 기원

스트레스(stress)라는 말은 원래 19세기 물리학 영역에서 '팽팽히 조인다.'라는 뜻의 stringer라는 라틴어에서 기원되었다. 의학영역에서는 20세기에 이르러 Hans Selye(1936)라는 의사가 일반적 적응증후군(General Adatation Syndrome)개념으로 '정신적, 육체적 균형과 안정을 깨뜨리려고 하는 자극에 대하여 자신이 있던 안정 상태를 유지하기 위해 변화에 저항하는 반응'으로 발전시켜 정의하였다. 셀리(Selye)는 스트레스를 ①경보반응(alarm)→②대응-저항반응(resistance)→③탈진반응(exhaustion)의 3단계로 나누어 설명하였다. 첫 번째 단계, 경보반응(alarm)기에서는 스트레스로 자율신경계통이 활성화되어 일시적인 신체적 피곤이나 두통, 식욕부진, 위장장애 등을 겪을 수 있다. 이 단계에서는 스트레스를 스스로 회복시킬 수 있는 능력을 유지하고 있는 상태라고 말한다. 두 번째 단계 대응-저항반응(resistance)기에서는 스트레스가 지속될 경우 신체기관에서 호르몬 분비가 왕성해지며 신체적 손실이나 불균형 상태가 일어난다고 말한다. 그로 인해 우리 몸의 저항력이 약화되고 과민성 대장증후군, 고혈압 등이 생길 수 있다고 말했다. 세 번째 단계는 탈진반응(exhaustion)이다. 스트레스 요인이 오랫동안 지속되어 유기체가 죽거나 다시 되돌릴 수 없는 손상을 입게 되어 신체적, 정신적 질병으로 발전할 수 있다는 이론을 제시하였다. 스트레스가 우리 정신과 신체에서 일어나는 자연스러운 반응이지만 스트레스가 안정 상태를 무너뜨릴 경우 건강과 생명유지에 심각한 영향을 미칠 수 있다는 것이다.

3) 스트레스의 압박

스트레스를 경험하게 되면 마음이 답답한 느낌과 함께 근육이 긴장하게 된다. 반응으로서의 스트레스의 개념은 생물학이나 의학에서 사용되는 것으로 추위나 산소 결핍 등으로 항상성 유지에 장애가 왔을 때 경험하는 상태를 스트레스로 보았다. 자극으로서의 스트레스는 심리학자들이 보편적으로 이해하는 개념으로 비통상적 반응을 요구하는 어떤 사건이나 상황을 말한다. 상호작용으로서의 스트레스는 라자루스(Lazarus)와 동료들이 주장하는 것으로 개인의 자각이나 평가 과정을 통하여 상호작용 가운데서 나타나는 부작용으로 스트레스를 보고 있다(장명수, 2009). 이처럼 스트레스는 인간의 삶속에서 늘 있어 왔다. 인간을 움직이는 에너지이며, 자신이 직면한 상황에 대한 자연스러운 반응이다. 하지만 현대 사회에서의 스트레스는 우리가 적응하고, 감당하기에는 많은 고통과 부작용을 주고 있다. 즉, 사람들은 삶의 과정에서 외부로부터 많은 압박을 받게 되어 몸과 마음이 매우 긴장하게 되고 삶의 활력을 잃게 된다. 이러한 압박과 긴장상태를 발생하게 하는 직접적인 원인이 바로 '스트레스'이다. 스트레스는 외부환경의 압박과 사람들의 압박인 것이다(전현두, 2007). 그렇다면 어떻게 외부환경의 압박과 사람들의 압박으로부터 자유로울 수 있을까? 미국의 심장전문의 로버트 엘리엇(Robert S. Eliet)은 스트레스에서 벗어나 마음의 짐을 덜고 건강한 삶을 사는 3가지 방법을 제안하고 있다. 첫째는, 작은 일에 땀 흘리지 않는 것이다. 둘째는, 모든 것은 작은 일에 불과하다고 생각하는 것이다. 셋째는, 싸울 수도 없고 도망갈 수도 없으면 흐르는 대로 자신을 맡겨 흐르게 하라 'If you can not fight and if you can not flee, Flow'라고 말한다. 즉, 피할 수 없으면 즐기라는 것이다. 어떠한 문제나 상황이든 우리의 생각과 마음이 바뀌면 언제든지 긍정적 사고로 전환이 되고 해결할 수 있는 여러 가지 지혜가 보이게 된다.

3장
스트레스와 건강

　현대사회는 하루가 다르게 다양해지고 복잡해지는 동시에 빠르게 변화하고 있다. 이러한 사회환경은 우리의 욕구와 동기를 좌절시키거나 위협할 가능성을 많이 가지고 있다. 그러나 현대인들은 이러한 사회환경에서 오는 갈등과 위기를 지혜롭고 건강한 방법으로 해결하지 못하고 매우 해로운 방법으로 위기를 해결하려는 경향이 있다. 예를 들어 어떤 사람은 과잉활동으로 늘 분주하게 지내면서 위기에 대한 생각을 떠올리지 않으려 회피한다. 자신의 생각, 감정, 느낌을 표현하지 못하고 참고 억압하는 경우도 많다. 어떤 사람은 자신의 스트레스를 다른 사람에게 책임을 전가함으로써 위기를 극복하려 한다. 또한 신체적 증상으로 우울증이나 신체적 질환으로 나타나기도 한다. 최악의 경우 언제 폭발할지 모르는 상태로 들어가 정신발작을 일으키거나 폭력, 살인, 자살 등의 심각한 폭력성을 들어내기도 한다(정태기 역, 2010). 그러나 일반적으로는 과도한 음주와 흡연, 매사에 의욕상실, 집중력 저하, 짜증, 공격성, 만성적 피로감을 호소한다. 육체적으로는 근육의 긴장, 몸의 무거움, 두통, 식욕부진, 소화불량, 수면장애, 성기능장애 등의 증상이 나타난다. 미국의 외과의사협회장이었던 에버렛 쿱(C. Everett Koop)박사는 병원에서 판

명된 모든 의학적 질병의 80%가 정서적 스트레스로 인한 것이거나 스트레스 제공자로 인해 심각하게 악화된 것이라고 했다. 이처럼 스트레스는 현대인들의 건강을 흔들며 위협하고 있다. 건강하고 행복한 삶의 질을 떨어뜨리고 있는 것이다. 스트레스는 개인만의 문제를 넘어 사회문제가 되고 있다. 하지만 스트레스는 육체적, 정신적, 감정적 부담이나 긴장에 대해 우리 몸이 자연스럽게 반응하는 것이기 때문에 자신에게 영향을 주는 스트레스의 원인을 찾아 상황을 받아들이고 이해하며 자신에게 맞는 방법으로 스트레스를 잘 다스린다면 긍정적이고 건강한 에너지가 될 수 있다.

1) 스트레스의 원인

인간이 일생을 살아가면서 받는 스트레스의 원인은 다양하다. 그 이유는 개인마다 처해 있는 상황이 다르고 스트레스를 대처하고 받아들이는 적응력이 사람마다 다르기 때문이다. 하지만 인간의 삶속에서 일반적으로 경험할 수 있는 스트레스의 원인을 살펴볼 수 있다.

① 안정감의 상실이다.

안정감의 상실은 스트레스의 주요한 원인이다. 안정감의 가장 큰 상실은 인간적인 상실 즉, 죽음이다. 사랑하는 아내, 남편, 자녀, 부모, 형제 등 가족의 죽음은 안정감을 유지하는 데 어려움을 겪게 한다. 특히 배우자의 죽음은 가장 큰 안정감의 상실로 고통과 외로움, 허탈감, 무기력 등 스트레스의 원인이다. 2014년 4월 발생한 세월호 참사로 학생, 교사, 일반인 등 총 304명 사망자 발생하였다. 2022년 10월 발생한 이태원 압사 사고로 인해 159명이 사망하고 195명이 부상을 입었다. 이 두 참사는 가족뿐만 아니라 사회 전체의 집단 트라우마로 남아 아직도 진행 중인 중

대한 사건이 되었다. 이혼, 별거도 당사자들뿐만 아니라 자녀, 가족들에서 정서적으로 부정적인 영향을 주어 안정감의 상실로 인한 스트레스를 증가시키는 원인이 된다. 가족이라는 체계는 인간이 삶을 영위하는 데 있어서 가장 중요한 요소이다. 가족은 가장 가까운 친구이며, 위로의 공간, 휴식의 공간, 삶의 에너지를 늘 새롭게 받을 수 있는 충전소이다. 하지만 우리나라는 계속해서 자살과 이혼율이 증가하고 있는 사회문제를 안고 있다. 이는 개인의 안정감뿐만 아니라 사회의 안정감까지 위협하고 있는 수준이다. 이런 가족체계의 위기는 개인은 물론 사회공동체의 위기로까지 이어질 수 있기 때문에 개인의 문제가 아니라 사회공동체의 문제이므로 국가가 적극적인 대처와 예방에 노력을 기울여야 한다.

② 경제적인 원인이다.

경제적인 원인은 스트레스의 원인이다. 자본주의 사회에서의 돈의 가치는 인간의 생존과 직결되어 있는 중요하다. 실직으로 인한 수입원 상실, 경제적 빈곤, 과도한 부채는 살아가는 삶 자체가 스트레스가 될 수 있다. 더 심각한 것은 경제적인 위기가 가족해체와 심지어는 가족 전체가 동반 자살로 이어지는 일까지 일어나고 있다.

③ 직장에서의 정리해고나 정년퇴직이다.

직장에서의 정리해고나 정년퇴직도 스트레스의 원인이다. 우리나라는 1997년 IMF 외환위기를 겪었다. 그 당시 기업의 구조조정은 많은 실직으로 이어졌다. 실직은 가정경제의 위기와 해체라는 고통을 우리 사회에 안겨 주었다. 외환위기는 한국 경제에만 영향을 미친 것이 아니다. 하루아침에 거리로 내몰린 가장들의 허탈감과 가족과 사회 어느 곳에도 속할 수 없는 소속감 없는 미래에 대한 불투명은 자신의 정체성까지 흔들어 놓았고 불안과 두려움을 갖게 했다. 외환위기는 개인과 가정, 사회 전체를 스트레스로 만들었다. IMF 외환위기 이듬해 3월 자살로 숨진 성인 숫자는 교통사고 사망자를 앞섰고, 이후 자살자는 지속적으로 증가해 외환위기 이전 인구 10만 명당 10.8명이었던 자살률이 2013년 28.5명으로 약 세 배로 증가했다. 또한 청년실업문제가 당사자들뿐만 아니라 가족, 사회전체의 스트레스로 작용하고 있다. 청년들이 대학 졸업을 해도 일할 수 있는 곳이 많지 않아 졸업을 미루거나 공무원 시험에 몰리고 있다. 2024년 통계청 조사에 의하면 20~39세 청년층 비경제활동인구는 74만 7,000명이라고 한다. 한국보건사회연구원의 조사에서는 고립, 운둔 청년이 54만 명으로 조사되었으며, 청년실업이 증가하는 이유로는 취업 실패(24.1%), 대인관계의 어려움(23.5%), 가족 관계 문제(12.4%), 건강 문제(12.4%) 등으로 나타났다(한국보건사회연구원, 2022).

④ 질병과 환경으로 인한 삶의 변화이다.

질병과 환경으로 인한 삶의 변화도 스트레스의 원인이다. 감기 같은 작은 질병도 사람의 몸과 마음을 긴장하게 만들고 위축시킨다. 하물며 암이나 불치병 같은 큰 질병은 개인의 긴장과 불안을 넘어 가족들에게 부담을 줄 수밖에 없다. 옛 속담에 "긴병에는 효자가 없다."는 말이 있다. 의학의 발달과 경제성장으로 100세 시대를 살아가는 현대인들에게는 오래 사는 것이 중요한 것이 아니라, 어떻게 건강하게 오래 살 수 있을까? 하는 문제에 직면해 있다. 노인들은 죽는 것보다 늙는 게 두렵다고 말한다. 개인적인 질병이든 가족의 질병이든 질병은 스트레스의 원인이 된다. 삶의 변화도 스트레스의 원인이 될 수 있다. 즉, 결혼으로 인한 가족 환경의 변화와 삶의 양식 변화, 경제적인 원인으로 인한 주거환경의 변화, 소음, 공해, 악취, 편의시설 불편도 스트레스의 원인이다.

⑤ 인간관계에서 오는 갈등이다.

인간관계에서 오는 갈등도 스트레스의 주요한 원인이다. 가정에서의 부부갈등, 부모와 자녀의 갈등, 친인척지간의 갈등, 직장에서 상사, 동료, 부하직원들 간의 갈등, 지인들과의 갈등은 스트레스의 원인이다. 그러므로 인간관계를 잘하는 것은 그만큼 스트레스를 덜 받는 것이고 건강한 삶을 살 수 있는 일이며, 인격적으로도 성숙한 사람이 되는 것이다. 인간관계를 잘 만들기 위해서는 다음과 같은 노력이 필요하다. 첫째는 먼저 세상의 주인인 자신을 잘 관리하는 것이다. 항상 최고의 컨디션을 유지하도록 노력해야 한다. 최고의 컨디션은 기쁨과 감사하는 마음과 사랑스러움에서 나온다. 둘째는 '3비'를 절대 금해야 한다. '3비'란 비난, 비판, 불평을 말한다. 링컨의 성공비결은 절대 비판하지 않고 불평하지 않는 것이었다고 한다. 세 번째는 정중한 예의를 갖춰야 한다. 실력 없는 것은 용납이 돼도 예의 없는 것은 용납되지 않는다. 부모, 형제간에는 통할지 모르나 그 이상은 용납이 안 된다. 예절은 어렸을 때부터 인성교육을 통해서 습관화, 성격화되어야 한다. 네 번째는 상대방을 존중하고 세워 주어야 한다. 사람에게는 인정받고 대접받고 싶은 존경의 욕구가 있다. 상대를 높여 주고 인정해 주고 칭찬을 아끼지 말아야 한다. 상황에 맞는 격려와 칭찬은 상대방을 인정하고 존중하는 태도이다. 다섯 번째는 상대방의 말을 잘 들어 주어라. 즉 경청이다. 마더 테레사(Mother Teresa) 수녀는 기자들의 질문에 이렇게 대답했다. "내가 한 일은 사람들이 내게 와서 무언가 말을 할 때 그 이야기를 처음부터 끝까지 들어준 것뿐입니다."라고 말했다. 경청은 상대방에 대한 배려이고 마음을 받아주는 공감이다. 여섯 번째는 인색하지 말아야 한다. 사람은 돈 쓰는 것을 보면 그 사람이 어떤 사람인지 알 수 있다. 심지어 부모도 인색한 자식은 싫어한다. 돈을 잘 쓰면 그 돈이 그 사람을 빛나게 한다. 그러나 인색하면 사람들과 더 좋은 관계로 발전할 수 없다. 일곱 번째는 상대방의 필요를 채워 주고 배려해야 한다. 낚시 갈 때 아이스크림을 가져가지 않고 물고기가 원하는 미끼를 가져가는 것처럼 사람을 낚으려면 내 주장만 하지 말고 상대방이 원하는 것도 채워 주어야 한다(최광선, 2006). 인간관계는 삶의 지혜를 배워 가는 과정이다.

⑥ 마지막으로 자녀들의 양육, 교육, 진로 문제이다.

자녀들의 양육, 교육, 진로 문제도 스트레스의 주요한 원인이다. 자녀를 낳고 성인으로 성장시키기까지의 부모들의 역할과 책임은 상당한 노력과 경제적인 부담이 된 시대에 살고 있다. 한국보건사회연구원 김승권 연구위원은 최근 발행한 보건복지이슈 '앤 포커스'에 실은 "한국인의 자녀양육 책임한계와 양육비 지출 실태"에서 지난 2009년 기준으로 출생 후 대학 졸업까지 자녀 한 명에게 지출되는 총 양육비가 2억6천204만4천원이 소요된다고 밝혔다. 김승권 연구위원은 보고서에서 "한국 부모들은 자녀양육에 대해 본인 스스로 너무 과중한 책임을 지고 있으며, 이는 양육부담을 크게 하고 저출산의 원인이 되고 있다."라고 말했다. 부모들이 감당해야 할 양육비와 교육비는 부모들에게 많은 책임과 부담감을 주고 스트레스 상황으로 몰고 갈 수밖에 없다. 또한 부모들의 건강하지 못한 관계에서 오는 부부갈등은 그대로 아이들의 정서와 행동에 부정적인 영향을 준다. 부모는 자녀들의 거울이다. 건강한 부모가 아이를 건강하게 성장하도록 돕는다. 아이들의 교육과 진로 또한 부모들의 대리만족과 사회가 요구하는 사람으로 만들기 위해 하는 것이 아니다. 아이가 가진 장점과 재능을 찾아 자신이 잘하는 것에서 능력을 발휘하고 행복한 삶을 살 수 있도록 찾아 주는 역할을 해야 한다. 미국의 심리학자 로저스(Rogers)는 부모나 교사가 만들어 놓은 가치의 조건화가 아이의 경험과 성장에 부정적인 영향을 준다고 했다. 가치의 조건화는 자기가 경험하는 사실을 왜곡하고 부정하기 때문에 주관적인 내적 경험과 불일치를 이루게 된다. 성장과정 속에서 가치의 조건화가 더 조건적일수록 정서적, 심리적 부정을 초래하여 병리적으로 발전할 수 있다고 말했다. 부모가 자녀들의 양육, 교육, 진로 문제에 대해서 먼저 개방적이고, 열린 사고를 가지고 자녀들의 양육과 성장을 도울 때 부모와 자녀 모두가 행복할 수 있다. 이처럼 스트레스는 우리의 삶속에 깊숙이 자리를 잡고 우리의 삶에 많은 부정적인 영향을 주고 있다. 스트레스는 결국 현재 삶의 부적응과 미래에 대한 불안 그리고 대인관계에서 오는 갈등이다. 현재의 삶보다 더 나아질 수 없다는 생각은 삶의 의미를 불안하게 만들고 좌절감을 줄 수 있다. 노후에 대한 불안도 미래의 삶을 불안하게 만들고 스트레스를 주는 원인이다. 인간의 사회적 활동은 서로의 관계 속에서 이루어진다. 인간의 활동은 개인은 물론 사회를 이끌어가는 원동력이다. 하지만 원동력이 하나의 방향과 힘을 내기까지는 여러 가지 갈등과 실패의 길을 가기 때문에 스트레스의 원인이 되는 것이다. 하지만 스트레스가 가지고 있는 에너지를 하나의 방향과 힘으로 합칠 수 있다면 서로에게 도움이 되고 성장의 길을 걷게 할 수 있다.

2) 정신건강에 미치는 영향

스트레스는 정신건강에도 많은 영향을 미치고 있다. 스트레스를 받으면 초기에는 스트레스로 인한 근심, 걱정, 초조, 등의 불안 증상이 발생하고 점차 우울 증상이 나타나게 된다. 대부분의 경우 불안이나 우울 증상은 일시적이고 스트레스가 지나가면 사라지게 된다. 그러나 스트레스 요인이 너무 과도하거나 오래 지속되는 경우, 개인이 스트레스 상황을 이겨낼 힘이 약화되어 경우에 따라 각종 정신장애로 발전할 수도 있다. 스트레스로 인해 흔히 생길 수 있는 정신질환은 적응장애, 불안장애, 기분장애, 외상 후 격분장애, 식이장애, 성기능장애, 수면장애, 신체형장애, 알코올 및 물질사용장애 등이 있다. 우리나라 주부들에게 흔한 화병도 스트레스와 매우 밀접한 정신장애로 볼 수 있다.

3) 신체건강에 미치는 영향

신체질환의 경우도 스트레스와 밀접한 연관이 있다. 내과 입원 환자의 70% 정도가 스트레스와 연관되어 있다는 연구를 볼 때, 스트레스가 신체질환의 발생 원인이나 악화 요인으로 작용한다는 사실은 이미 잘 알려져 있다. 이런 경우 정신과적으로 정신신체장애라는 진단을 붙이게 된다. 정신적, 심리적인 요인에 의해 신체적인 질병이 발생하거나 악화될 경우에 붙이는 병명으로 정신적, 심리적 요인에 의해 치료 결과도 큰 차이를 보인다. 특히 스트레스에 취약한 우리 몸의 기관인 근골격계(긴장성 두통 등), 위장관계(과민성 대장증후군), 심혈관계(고혈압) 등이 영향을 더 많이 받는 것으로 알려져 있다. 즉 정신이나 마음이 신체에 부정적인 영향을 미치고 있다는 것을 의미한다.

4) 면역기능에 미치는 영향

스트레스는 인간의 면역기능에도 많은 부정적인 영향을 준다. 글루코코르티코이드(glucocorticoid)는 스테로이드 호르몬의 총칭으로 스트레스에서도 작용한다고 한다. 글루코코르티코이드는 부신(콩팥위샘)의 외층을 형성하는 내 분비샘 조직인 부신피질(adrenal cortex)에서 합성되고 분비되는 당대사에 효과가 있는 호르몬으로 스트레스를 많이 받게 되면 뇌에 많이 분비된다. 이것이 면역체계를 마모시키고 결국 침입자와의 싸움을 약화시킨다고 한다. 스트레스로 면역기능이 약화되면 예방접종의 효과도 감소시키고, 상처회복과 감기 예방에도 관여하는 면역반응도 감소시킨다고 한다. 이처럼 장기간 스트레스를 받으면 면역기능이 떨어져 질병에 걸리기 쉬운 상태가 되는 것이다. 다양한 정신신체장애의 발병과 악화는 물론이고 암과 같은 심각한 질환도 영향을 많이 주는 것으로 알려지고 있다. 스트레

분노심리와 성격 이해하고 다루기

스에 의해 발생하는 기능장애는 인간의 심리적이고 생리적인 체계 모두에게서 나타난다. 감정적인 장애가 일차적이고 신체적인장애가 이차적인 것은 아니다. 그 반대인 경우도 있다. 인간은 근본적으로 정신과 신체로 이루어진 존재이며, 서로에게 가역적으로 영향을 주고 있다. 자신에게 가해지는 외부의 힘들에 대해서 생리적으로 반응할 뿐만 아니라 심리적으로도 반응하게 된다. 그러나 둘 중 어느 것이 우선시 되는 것은 아니다(유범희 역, 1997). 하지만 중요한 사실은 스트레스가 인간의 면역력을 약화시켜 정신적, 신체적으로 질병에 쉽게 노출시킨다는 것이다.

5) 정서에 미치는 영향

스트레스는 인간의 정서에도 많은 영향을 미치고 있다. 생물학 저널 '커런트 바이올로지'(Current Biology) 최근호는 캐나다 몬트리올 맥길 대학의 로렌 마틴과 제프리 모길 박사팀이 진행한 연구에서 스트레스 호르몬은 감정이입에 관여하는 뇌 영역도 교란시킨다는 연구결과를 발표했다. 모길 박사는 동물실험을 통해 쥐들도 정서적으로 전염된다는 사실을 밝혀냈다. 쥐들 역시 다른 쥐가 고통받는 걸 보면 고통을 느끼는 민감도가 증가했다고 한다. 더욱 놀라운 것은 친밀도에 따라 효과가 달라진다는 사실이다. 정서적 전염은 함께 우리에 갇힌 쥐에게만 발생했을 뿐 낯선 쥐에게는 나타나지 않았다. 낯선 쥐를 보게 된 쥐에게선 스트레스 반응이 일어나 '글루코코르티코이드'(glucocorticoid)라는 스트레스 호르몬이 분비되었다. 그런데 쥐들에게 일시적으로 '글루코코르티코이드' 호르몬의 분비나 작용을 차단하는 약물을 주사했더니 낯선 쥐에게도 정서적 전염을 나타냈다고 한다. 스트레스 반응이 공감 능력을 막았던 것이다. 연구진은 인간 피실험자를 대상으로도 같은 실험을 해 같은 결과를 얻었다. 처음엔 지인에게만 정서적 전염이 발생했지만 글루코코르티코이드를 차단하자 쥐들과 마찬가지로 모르는 사람에게도 정서적 공감을 나타낸 것이다. 이처럼 스트레스는 타인의 고통과 감정에도 민감하게 반응하지 않는다는 사실이 연구를 통해 밝혀졌다(Robert M. Sapolsky, 2015). 우리가 스트레스 상황에 계속 노출되어 스트레스가 지속된다면 인간관계에서 상대방의 감정을 느끼고 받아 줄 수 있는 공감 능력이 떨어져 인간관계의 긍정적 측면을 이끌어내는 경우가 드물다는 것이다. 스트레스는 정신건강과 신체건강, 면역체계 등에 해로운 결과가 일어나는 것뿐만 아니라 우리의 감정의 시야를 좁힌다. 즉, 사람들을 포용하고, 받아들이는 관대함이 적어지고 비협조적으로 만들어, 모호한 표현은 부정적이거나 적대적인 것으로 생각하게 하여 주변 사람들에게 욕구, 불만, 짜증, 공격성을 드러내는 것이다. 결국 스트레스는 인간관계에도 많은 부정적인 영향을 미치게 한다.

정서적으로 가장 큰 어려움은 우울증이다. 우울증은 개인의 삶 전체를 흔들어 놓는 아주 위험한 질병이다. 자신의 현재. 미래. 과거를 모두 흔들어 놓기 때문에 삶 전체가 위험을 받게 된다. 삶에 의미, 삶의 에너지, 미래의 희망, 기쁨, 행복, 사랑을 빼앗아가는 질병이다. 우울증은 우리나라뿐만 아니라 전 세계적으로 많은 사람들이 겪고 있다. 우울증은 삶의 위기나 전환기에서도 많이 겪을 수 있는 질병이지만, 결국 스트레스가 핵심적인 유발 원인이라고 한다. 우울증은 스트레스, 삶의 부적응, 인간관계 갈등, 중년기 이후 신체적 변화 등으로 우울한 감정으로 시작된다. 누구나 살아가면서 겪을 수 있는 감정이다. 하지만 삶의 과정이나 단계에서 해결되지 못한 과제는 우울감을 깊어지게 하고 자신의 삶 전체를 흔들어 우울증이라는 정신장애로 이어지게 된다. 우울증은 남녀 모두 50대에서 가장 많다. 특히 그 중에서도 50대 여성 우울증 환자가 가장 많은 것으로 보고되고 있다. 여성은 50대가 되면 갱년기가 시작된다. 이 시기에 호르몬의 변화가 온다. 남성들도 그동안 경험하지 못하는 신체적인 변화와 마음의 고통을 경험하게 된다. 이 시기에는 아이

분노심리와 성격 이해하고 다루기

들이 유학도 가고, 취직도 하고, 결혼도 하면서 독립하게 된다. 중년기 여성들의 경우에는 그동안 남편과 자식을 위해 헌신하며 바쁘게 살아온 삶이 어느덧 아무것도 할 일이 없는 무의미한 삶으로 서서히 바뀌면서 쓸쓸하게 집안에 혼자 남아서 외롭게 집을 지켜야 하는 '빈둥지증후군'으로 인한 우울감이 원인이기도 하다.

부부관계에서도 예전 같지 않고, 일찍 퇴사한 남편의 모습을 보면서 큰 허무감과 허탈감을 느끼기도 한다. 만약 남편의 조기 퇴직으로 이어진다면, 경제적인 어려움과 미래에 대한 불안으로 우울감은 더 깊어질 수 있다. 남자들의 경우는 여성에 비해 감정적이지 않고, 자신의 감정을 들어내는 것에 대한 부담감을 가지고 있어 자신의 우울한 감정을 잘 드러내지 않는다. 자신의 우울한 감정을 들어내는 것은 남자로서 나약한 모습을 보여 주는 것이고, 오히려 주변 사람들에게 무시당할 수 있기 때문이다. 그렇다고 해서 스트레스와 자신의 부정적인 감정을 마냥 마음속에 담아 둘 수는 없다. 자신이 살기 위해서는 풀어야 한다. 남자들은 스트레스와 부정적인 정서를 해결하기 위해 술, 담배가 증가하게 된다. 물론 본인들은 업무의 연장이라고 말하지만, 사실은 자신들의 스트레스와 부정적인 감정을 해소하기 위한 방법이다. 감정적으로는 화를 많이 내거나 짜증도 많이 낸다. 일도 전처럼 의욕이 솟지 않는다. 무기력은 우울증의 전형적인 증상이다. 우울증 환자들은 일상적일 생활을 영위하는데, 삶에 에너지가 많이 부족하고, 무기력한 모습을 보인다. 이처럼 생물학적, 사회적, 환경적, 관계적인 변화가 우울한 감정을 만들게 한다.

우울증은 개인적인 삶에 많은 부정적인 영향을 미치고, 가족공동체를 흔들어 놓을 수 있다. 더 나아가 극단적인 선택을 하는 자살로 이어지고 있어 사회문제이다. 이러한 우울감에서 벗어나기 위해서는 걷기 운동이 아주 좋다는 의미 있는 연구결과가 나왔다. 영국에서 발행되는 데일리메일(Daily Mail) 보도에 의하면 걷기운동이 우울증 치료에 효과가 좋다는 보도를 실었다. 포르투갈 연구팀은 우울증 약으로도 치료가 잘 되지 않는 우울증 환자 150명을 두 그룹으로 나눠 12주 동안 실험을 하였다. 한 그룹은 우울증 약을 복용하며, 걷기 유산소 운동을 실시하였다. 걷기 유산소 운동은 일주일에 5일 동안 30~45분씩 하였다. 다른 한 그룹은 우울증 약만 복용하도록 하였다. 12주 후 우울증 약만 복용한 그룹에 사람들은 여전히 우울한 감정에서 벗어나지 못했지만, 주기적으로 걷기 운동을 하며 우울증 약을 복용한 그룹의 사람들은 우울증 증상이 26%나 개선되었다고 한다. 브라질에서도 비슷한 실험을 하였다. 건강한 성인 400명을 대상으로 한 연구에 의하면 신체 운동을 가장 많이 한 사람은 그렇지 않은 사람들보다 우울증에 걸릴 위험이 68%나 낮았고, 운동을 한 여성은 24% 정도 우울증 위험이 낮았다고 한다. 미국 로체스터대학교에서 1000명 이상의 사람들을 대상으로 진행한 한 연구에서는 좀 더 활발한 사람일수록 우울증 증상의 정도가 더 낮았다. 유산소 운동을 하면 우울증 위험이 줄어드는 정확한 이유는 밝혀지지 않았지만 가장 설득력 있는 이론은 우울증은 체내 염증 수치를 높이는데, 걷기 같은 유산소 운동을 하면 몸속 염증이 줄어들고 우울증 증상도 아울러 줄어든다는 것이다. 우울증은 약물 치료가 근본적인 해결책이 될 수는 없다. 걷기 운동을 꾸준히 한다면 우울증 개선에 도움이 될 수 있다. 우울증이란 뇌 내의 세로토닌(serotonin) 또는 노르아드레날린(noradrenaline)이라는 호르몬이 부족한 상태인데, 걷기 운동을 하면 세로토닌과 노르아드레날린이 호르몬들이 증가하기 때문이다.

나가오 클리닉 원장인 나가오 가즈히로는 우울증으로 힘들어하는 사람들은 억지로라도 몸을 일으켜야 한다고 말한다. 그리고 당장 걷기 운동을 시작해야 한다고 말한다. 걷기 운동을 시작하고 3개월 정도 지나면 뇌 내 호르몬 상태가 개선된다고 한다. 우울증은 뇌 내의 세로토닌 및 노르아드레날린이라는 호르몬의 부족으

분노심리와 성격 이해하고 다루기

로 인한 정신장애이다. 세로토닌과 노르아드레날린은 신경 세포에서 방출된 뒤 특정 수용체에 결합해 작용한다. 이때 다량으로 방출됐지만 수용체와 결합하지 못한 나머지는 원래의 신경 세포 끝에 있는 수용체를 통해 재흡수 된다. 세로토닌과 노르아드레날린 수치를 높게 유지하기 위해서는 분비량을 증가시킬 뿐 아니라, 재흡수를 통해 감소하지 않도록 해야 한다. 즉, 재흡수를 방해해 호르몬이 신경 세포로 돌아가지 못하도록 막기 위해서는 자가 수용체를 생성하는 유전자의 기능을 저하시켜야 한다. 그 기간이 약 3개월 정도가 걸린다고 한다. 우울제인 SSRI와 SNRI는 세로토닌과 노르아드레날린이 신경 세포에 재흡수 현상을 막는 약이다(이선정 역, 2016). 따라서 걷기 운동을 통해 우울증 극복에는 3개월이라는 시간이 필요하다. 그동안 꾸준히 걸어야 한다. 그러면 점차 우울증에서 극복할 수 있게 되고 다시 밝고, 행복한 삶으로 돌아갈 수 있다.

4장
스트레스 관리

  미국의 심리학자 라자루스(Lazarus)는 같은 스트레스 원인이라고 할지라도 받아들이는 사람에 따라 긍정적 스트레스(eustress)로 작용하느냐, 부정적 스트레스(distress)로 작용하느냐 달라질 수 있다고 보고하였다. 스트레스 요인이 발생하면 먼저 그것이 얼마나 위협적인가 또는 도전해 볼만하냐 하는 일차 평가가 일어나게 된다. 만약 위협적이라고 평가한 경우라면 위협에 따른 부정적인 감정을 처리하기 위한 다양한 대처를 고려하는 다음 단계를 거치게 된다는 것이다. 따라서 스트레스 상황을 부정적으로 받아들이면 결국 질병으로 가게 되지만, 긍정적으로 받아들이면 생산적이고 행복해질 수 있다. 긍정적 스트레스의 경우 생활의 윤활유로 작용하여 자신감을 심어 주고 일의 생산성과 창의력을 높여 줄 수 있다. 스트레스를 긍정적으로 받아들여 건강, 행복, 성공의 열쇠로 만드는 스트레스 관리방법은 다음과 같다.

1) 규칙적인 생활 습관

  스트레스는 인간 삶의 질을 많이 저하시킨다. 정신적, 신체적 부적응으로 시작

분노심리와 성격 이해하고 다루기

하여 질병으로 이어지기 때문에 스트레스의 관리는 매우 중요하다. 스트레스 관리의 출발은 평소 규칙적인 생활습관과 운동이다. 첫째, 건강한 식사습관을 가지는 것이 좋다. 식사는 규칙적으로 천천히, 편안하게, 골고루, 적당하게 먹는 것이 좋다. 현대인에게 부족한 비타민, 무기질, 섬유소를 골고루 섭취하도록 한다. 반면, 술, 카페인, 설탕, 소금, 인스턴트, 패스트푸드 등을 과량으로 섭취하는 것은 건강에 좋지 않다. 둘째, 충분한 수면을 취해야 한다. 수면부족은 집중력 부족과 무기력으로 이어질 수 있으며, 장기적인 수면부족은 비만, 심장병, 당뇨병, 암 등의 신체적인 질병으로도 이어진다는 연구 결과도 있다. 수면은 개인적인 차이는 있지만 일반적으로 6-8시간 정도가 적당하다. 셋째, 규칙적인 운동도 해야 한다. 일반적으로는 걷기 운동은 나이를 불문하고 좋은 운동이다. 운동 시간은 하루에 30-60분 정도, 일주일에 최소 세 번 이상을 하는 것이 좋다. 운동을 전혀 하지 않았던 경우에는 단계적으로 횟수나 시간을 늘려가는 것도 좋은 방법이다. 공을 가지고 하는 축구, 농구, 탁구, 배드민턴 같은 운동도 스트레스 및 우울, 불안감을 해소하는 데 많은 도움이 되는 운동이다. 공을 가지고 하는 운동은 운동을 하면서 공에 집중하기 때문에 잡념을 하지 않게 되고 집중력을 높일 수 있다. 그리고 공을 가지고 하는 운동은 신체적 역동성이 많은 운동이기 때문에 근육 이완과 긴장감을 푸는 데도 도움이 된다. 공을 가지고 하는 운동은 혼자 하는 운동보다는 둘 이상 같이 하는 운동이 대부분이기 때문에 대인관계의 소통을 늘리는 운동이기도 하다. 이처럼 공을 가지고 하는 운동은 신체적 긴장완화와 정서적 안정 및 대인관계의 소통의 긍정적인 영향을 많이 주는 운동이다. 그리고 혼자 할 수 있는 운동으로 태극권은 이완과 근력 강화, 복식호흡, 명상 등이 효과를 갖고 있는 중간 정도 강도의 전신 운동으로서 노약자들도 안전하게 할 수 있는 장점이 있다. 임상연구에서도 스트레스 감소와 면역기능 및 감정에 대한 긍정적 효과가 입증되었다.

2) 문제해결의 적극적 대응

스트레스를 잘 관리하거나 적절하게 이용하려면 그 실체를 정확히 알아야 한다. 첫 번째 단계는 현재 상황이 불편하다는 것을 인정하는 것이다. 불편하다고 느끼기 시작한 경우는 이미 그 스트레스를 피할 수 없을 가능성이 훨씬 더 높다. 면밀히 따져 스트레스로부터 적극적으로 도망가는 것이 가능하지 않다면 두 번째 단계인 스트레스의 수용이 필요하다. 이렇게 자신에게 가해진 스트레스를 받아들이기로 마음먹었다면 마지막 단계인 적극적으로 문제해결을 위해 대응하는 것이 중요하다. 문제를 해결하기 위해 자신의 능력을 확인하고 최선의 대처를 능동적으로 하는 것이 적극적 대응의 핵심이다. 이와 반대로 스트레스를 회피하거나 무기력하게 받아들이는 것은 스트레스가 불편하게 받아들이는 것이다. 자신이 느꼈던 불편한 감정을 해결하기 위해 모든 방법을 동원하는 감정 해결형은 일시적으로는 도움이 되지만, 수렁에 빠진 사람이 허우적거리면 더 깊이 빠져드는 것과 같이 장기적으로 스트레스 반응이 더욱 커질 수밖에 없다는 점을 명심해야 한다.

3) 이완요법

이완요법은 근육에서 긴장과 이완의 차이를 알도록 하는 훈련이다. 즉 우리 몸의 각 부위에서 긴장과 이완을 연습하게 하는 것이다. 긴장된 근육과 깊게 이완된 근육과의 감각 차이를 느끼게 되면 만성적인 통증 부위를 구별할 수 있게 되어 긴장을 경감시킬 수 있게 된다(장명수, 2009). 근육이완을 잘 시키기 위한 조건은 조용하고 간섭받지 않는 곳에서 편안한 자세를 한다. 일반적으로 근육이완법의 연습은 몸과 마음이 편안한 장소에서 주먹을 꽉 움켜쥐었다 펴기, 팔꿈치를 굽혔다 펴기를 반복하며 이두박근을 긴장과 이완을 반복한다. 그리고 이마를 찡그리기, 턱

　분노심리와 성격 이해하고 다루기

을 죄여 어금니를 물기, 머리를 뒤로 젖혀 목의 긴장을 관찰하기 등으로 근육을 이완시키는 것이다. 만약 이완이 잘되지 않는 부위가 있으면 5번까지 긴장과 이완을 반복한다(국가건강정보포털). 근육을 이완하고 깊고 천천히 숨을 쉬는 복식호흡을 하거나 명상을 하는 것이다.

① 복식호흡

복식호흡은 배꼽 밑 5㎝ 부분의 하단전을 이용하는 호흡법이다. 숨을 들이마실 때는 배를 내밀면서 코로 천천히 3~5초 동안 들이마셨다가 숨을 내쉴 때도 역시 천천히 배를 집어넣으면서 숨을 입으로 천천히 내쉬는 호흡방법이다. 흉부의 근육만을 사용하는 일반호흡은 호흡이 짧고 들어 마시는 공기의 양이 적다. 하지만 복식호흡은 들어 마시는 공기의 양이 많아 횡격막이 최대한 이완되고 공기는 폐 깊숙이 들어가 충분한 산소를 공급하고 배출하게 된다. 호흡계는 충분한 산소를 받아들여 에너지를 생산하고 이산화탄소를 배출시켜 우리 몸의 신진대사가 잘 이루어지도록 도와준다. 자신의 호흡을 살펴보고, 천천히 깊숙이 호흡하는 훈련을 하면 마음과 몸이 이완되고 장기의 기능을 활성화시켜 체온의 상승 및 혈액순환을 돕는다. 그리고 스트레스와 정서적 안정을 찾는 데 도움이 된다. 복식호흡의 방법은 첫째, 편안하게 자리에 눕거나 앉아서 아랫배에 집중하고 배꼽 밑에 손을 대고 배를 내밀면서 숨을 3~5초 동안 코로 들어 마신다. 둘째, 숨을 충분히 들어 마신 후에는 아랫배를 등쪽으로 당기듯 숨을 천천히 입으로 내쉰다. 셋째, 아랫배로 계속 숨을 들어 마시고 내쉬는 동작을 자연스럽게 반복한다.

② 명상법

명상이란 각성상태를 고조시키고 정신적 상태를 수의적으로 통제하기 위해 주위를 집중시키는 대체 의학적 접근방법이다. 궁극적인 목적은 내적 평온함이 극대

화되어 정신과정, 의식상태, 주체성 및 현실에 대한 깊은 통찰력의 발전을 이루어

나가는 과정을 말한다(장명수, 2009). 즉 눈을 감고 차분한 마음으로 마음속 깊이

생각에 잠기는 것이다. 명상은 스트레스 요인(감각, 심상, 행위)에 주의를 집중하

는 집중명상과 마음에서 일어나고 사라지는 모든 변화를 관찰하는 마음 챙김 명상

으로 구별할 수 있다. 추월명상, 선, 요가, 마인드컨트롤, 단전호흡, 관상기도 등이

명상의 개념에 포함된다.

4) 인지의 재구조화

인지재구조화 훈련에 속하는 방법에는 Ellis(1962)의 방법과 Beck(1976)의 방법

이 있다. 인지재구조화 훈련의 초점은 사람들의 비합리적인 신념체계를 변화시켜

그 사람들의 개인적인 경험을 논리적으로 명료하게 해석하도록 도와주는 것이다.

인지재구조화 훈련의 기본 과정은 우리의 지적 능력이 우리의 감정, 행동에 영향

을 미친다는 것이다. 불확실성을 감소시키기 위해 정보를 주고 그것을 통해 통제

감을 증진시켜 스트레스를 감소시키는 것이다. 인지의 재구성은 다음과 같다.

① 자신의 사고와 감정을 감시해야 한다.

다섯 가지의 기록 형식을 이용한다. 즉 상황, 감정, 상황에 반응하는 자동적 사

고, 보다 합리적인 반응결과 등의 기록 형식을 이용하여 자기인식을 증진시키고

자신의 감정과 생각을 감시하는 방법이다. 비합리적이고 부적절한 자기인식을 보

다 합리적이고 긍정적인 자기인식을 하도록 하는 것이다.

② 증거를 탐문해야 한다.

자신이 스트레스를 받고 있는 상황에 대한 객관적, 논리적인 증거가 있는가를 검

분노심리와 성격 이해하고 다루기

토해야 한다. 특히 자신에 대한 평가에 대해서는 더 객관적인 평가가 중요하다. 자신 안에는 부정성과 긍정성이 함께 존재한다. 그런데 대부분의 사람들은 자신의 긍정성을 많이 보기보다는 자신의 부정성을 많이 보고 자신을 평가하게 된다. 자신에 대한 부정적인 평가는 자신의 삶에 부정적인 면을 더 많이 인식하게 되기 때문에 정서적으로 안정감을 떨어뜨리는 원인이 된다. 자신에 대한 부정적인 평가가 정말 객관적인지 하나, 하나, 객관화시켜 재인식의 과정이 필요하다. 부정적인 평가가 만약 객관적이고 논리적인 증거가 없다면 현재 자신이 너무 주관적인 생각에 빠져 상황을 잘못 인식하고, 판단하여 자신을 더 악화시키고 있는 것이다.

③ 대안을 검토해야 한다.

상황에 대한 변화와 스트레스를 감소시킬 수 있는 대안을 찾는 것이다. 운동이나 취미활동, 새로운 자기개발 등의 대안은 자신의 감정과 대처 자원에 기초한 선택을 가능하게 한다.

④ 탈파국화

자신이 지각된 위험의 강도와 발생 가능성에 대해 과도하게 평가하는 것이다. 예를 들어 어떤 사람이 길을 지나가다가 갑자기 달려든 개에 물린 경우 자신은 이제 곧 광견병에 걸려 죽을 것이라는 생각을 하는 경우이다. 자신의 상황을 지나치게 과장하고 최악의 상황을 생각함으로써 불안과 두려움에 휩싸이게 되는 것이다. 미래에 대한 파국적(재앙화) 예측하기는 우울하고, 불안한 사람들이 흔히 보이는 인지오류이다. 그러므로 자신이 처해 있는 환경이나 상황을 비극적으로 과대평가하고 있는지를 잘 살펴 봐야한다.

⑤ 상황이나 행동에 대한 재구성을 해야 한다.

상황이나 행동에 대한 인식을 변화시키는 전략이다. 문제의 다른 측면에 초점을 두거나 다른 시각에서 문제를 바라보는 것이다. 예를 들면 실직은 당장 경제적인 문제와 소속감이 없는 것에 대한 스트레스로 받아들여질 수 있지만 자신의 새로운 직업을 가질 수 있는 기회와 자신의 또 다른 재능과 가능성에 도전할 수 있는 기회이기도 하다.

⑥ 자신의 역기능적 사고를 중지해야 한다.

자신의 역기능적 사고의 진행을 멈추게 하는 것이다. 그리고 긍정적인 사고로 전환하도록 노력해야 한다(김춘경 외, 2013). Beck은 생활 사건의 의미를 해석하는 정보처리 과정에서 인지적 왜곡을 한다고 했다. 자동적 사고를 만들어내는 인지적 오류는 첫째는 흑백 논리의 사고이다. 칭찬 아니면 비난, 성공 아니면 실패 등의 이분법적 사고를 한다. 둘째는 과잉일반화이다. 부정적 사건을 마치 계속적으로 반복되고 있는 실패로 생각하는 것이다. 예를 들어 한두 번의 실연으로 '항상', '누구에게나', '실연당할 것'이라는 생각하는 것이다. 셋째는 선택적 추상화이다. 상황이나 사건의 주된 내용은 무시하고 특정한 일부의 정보에만 주의를 기울여 전체의 의미를 해석하는 오류이다. 예를 들어 청중들의 긍정적인 반응에는 신경을 쓰지 않고 몇몇 부정적인 반응에만 주의를 기울여 실패했다고 단정 짓는 것이다. 넷째는 의미의 확대와 의미의 축소이다. 어떤 사건의 의미나 중요성을 실제보다 지나치게 확대하거나 축소하는 오류이다. 즉, 자신의 실수나 타인의 성공 중요성을 과장 확대하고, 자신의 잘한 일이나 타인의 실수는 과장 축소하여 열등감에 빠질 수 있다. 다섯째는 근거 없는 추론이다. 자신의 생각이나 결론을 뒷받침할 확실한 증거도 없이 어떤 일을 부정적으로 해석하는 것이다. 여섯째는 개인화이다. 자신과 무관한 사건을 자신과 관련된 것으로 잘못 해석하는 오류로 길을 지나가는 사

분노심리와 성격 이해하고 다루기

람들이 크게 웃자 나를 보고 비웃는 것이라고 생각하는 오류이다.

심리학자 어니 젤린스키(Ernie J. Zelinski)는 우리가 하는 걱정거리의 40%는 절대 일어나지 않을 사건들에 대한 걱정이고, 30%는 이미 일어난 사건들에 대한 걱정이며, 22%는 사소한 것들의 걱정이라고 말한다. 그리고 4%는 우리가 절대로 바꿀 수 없는 사건들의 걱정이라고 한다. 나머지 4%로 만이 우리가 현실에서 대처할 수 있는 걱정이라는 것이다. 결국 96%의 걱정거리는 우리의 과도한 걱정이라는 것이다(박주영 역, 1997). 이처럼 현실을 부정적인 방향으로 과장하거나 왜곡하는 역기능적 사고를 중지해야 한다.

5) 행동기술 훈련

도전적인 과제를 수행하는 데 있어서 기술이 부족하게 되면 우리는 그것에 대해 압도당하는 느낌을 받게 되고 위축된다. 스트레스도 마찬가지이다. 삶을 살아가는 동안 스트레스를 받지 않을 수 없다. 그렇다고 그냥 무시해서도 안 된다. 스트레스가 정서와 신체에 미치는 부정적인 요소가 너무 많기 때문이다. 그렇기 때문에 스트레스를 건강하게 다루는 행동기술이 필요한 것이다. 스트레스를 관리하는 데 종종 시간 관리를 효율적으로 우선순위를 정하는 것과 같은 일반적인 문제해결 요령뿐만 아니라, 필요한 기술을 가르치고 행동하는 연습도 해야 한다. 스트레스의 원인을 찾아 행동기술훈련을 배우는 것이다. 스트레스를 만드는 원인은 다양하고, 행동과 정서와 인지 간에는 복잡한 상관관계가 있다. 그러므로 스트레스 해소를 위한 행동기술훈련도 다양한 접근이 필요하다. 자신의 정서를 인식하는 훈련, 인간관계 갈등 해결을 위해서 서로의 차이를 이해하고 수용하는 훈련, 자기주장훈련, 화나는 감정 다루기 훈련, 성장과 성숙으로 변화하는 자신의 모습을 발견하기 등 다양한 방법이 필요하다. 이러한 사회성기술훈련을 통해 환경적인 스트레스 자극에 대한 자기조절 능력을 높여서 자기효능감을 증진시킬 수 있다.

6) 환경의 변화

환경적인 접근법으로는 사회조직망이나 사회적인 지지가 건강에 좋은 영향을 미친다는 것이다. 사회조직망(social network)이란 특정 개인이 관계를 맺고 있는 사람들과의 조직망을 의미한다. 예를 들어 실직이나 질병으로 인해 개인적인 위기에 빠져 있을 때 주변 사람들로부터의 정서적인 위로와 격려 그리고 경제적인 도움을 받거나 취업에 대한 정보, 질병 치료에 대한 의학적 정보를 제공받을 수 있다면 위기와 스트레스를 훨씬 가볍게 이겨 낼 수가 있다. 주변 환경을 변화시키는 것도 스트레스 관리에 중요하다. 예를 들어 넓고 개방된 장소에서 사무원들이 모여 앉게 하기보다는 개인적인 공간을 제공하거나 휴식공간을 만들어 주어 업무환경에 변화로 인한 생활 스트레스를 감소시킬 수 있다(이봉건 역, 2000).

7) 자기주장

자기주장은 자신을 표현하는 훈련이다. 우리가 사회생활을 하며 대인관계를 맺게 되면 어디에서나 견해와 생활방식의 차이, 욕구의 차이, 문화의 차이 등 즉 성격의 차이로 인해 갈등 문제가 발생하게 된다. 대인관계에서 이러한 문제를 만날 때 자기의 입장을 주장하지 못하고 원망하는 사람도 있고, 이와 반대로 불같이 화를 내고 위협하며 상대에게 피해를 주는 사람도 있다. 자기주장은 사회적 유능감의 측면이며 자기주장성 훈련은 사회적 기술훈련의 필수적 구성요소이다. 자기주장성은 사회적으로 적합한 방법으로 자신의 생각과 느낌, 원하는 바를 직접적이고 분명하게 표현하는 것을 말한다. 건강한 자기주장적 행동이 되기 위해서는 3가지 요소들이 포함된다. 첫째는 긍정적인 감정을 표현하는 것이다. 둘째는 부정적인 의견에 대하여 자신의 입장을 말하고 정중하게 거절하는 것이다. 셋째는 부정적인 의견의 표현으로 정당한 분노를 표현하는 것이다(장명수, 2009).

스트레스는 우리의 삶에 긍정적인 영향보다는 부정적인 영향을 주고 있다. 우리의 정신과 신체에 많은 부정적인 영향을 주어 개인적인 문제를 넘어 사회적인 관계를 위축시키고 제한한다. 이러한 스트레스의 영향을 덜 받기 위해서는 앞에서 말했듯이 자신의 몸과 마음은 평소에 자기관리를 잘해야 한다. 늘 바쁘게 움직이고, 항상 불안한 시대에 살고 있는 현대인들이지만 그래도 자신만의 규칙적인 생활 습관을 가지는 것이 스트레스 관리의 출발이다. 그리고 자신에게 당면한 문제에 대해서 적극적으로 수용하고 해결하려는 대응이 필요하다. 문제의 회피와 억압은 잠시 동안은 해결된 것 같지만 근본적인 문제는 늘 남아 있게 마련이다. 스트레스를 잘 관리하거나 삶의 에너지로 적절하게 이용하려면 그 실체를 정확히 아는 것이 중요하다. 그리고 자신에게 맞는 스트레스 해결 방법을 찾아 훈련하는 것이다. 근육에서 긴장과 이완의 차이를 알도록 하는 복식호흡법, 근육이완법, 명상법 등의 이완요법으로 스트레스를 완화시킬 수 있다.

아론 백(Aaron T. Beck)은 사람들이 경험하는 대부분의 심리적인 문제는 스트레스 상황을 경험했을 때 자동적으로 떠올리는 부정적 사고와 역기능적 인지도식이라고 말했다. 인지도식은 세상을 살아오는 과정 속에서 자신의 삶에 관한 이해의 틀을 말하는데 이것이 역기능적이라는 것이다. 역기능적 인지도식을 가진 사람은 일상에서 스트레스 사건을 경험하게 되면 부정적인 자동적 사고를 자신도 모르게 떠올리게 되어 결과적으로 심리적인 문제가 발생한다는 것이다. 그러므로 스트레스에 유연하게 대처하기 위해서는 자신의 신념체계가 객관적이고 합리적인가를 점검하고 그렇지 않다면 변화시키는 것이 중요하다(김춘경 외, 2013). 역기능적인 인지도식과 부정적 자동적 사고를 합리적이고, 융통성 있는 사고로 변화하도록 노력하는 것이다. 생각의 전환에 맞추어 행동기술훈련과 사회성기술훈련을 통해 환경적인 스트레스 자극에 대한 조절 능력을 높여서 자기효능감을 증진시키며, 자신에게 스트레스를 주는 주변 환경을 변화시키는 것도 스트레스 관리에 중요하다. 그리고 서로를 인정하고 배려하는 마음의 자세가 필요하다. 인간관계에서 오는 서로에 대한 의견, 생활방식, 욕구, 문화, 성격 등의 다른 점을 인정하고 수용하는 유연한 자세가 필요하다.

제 2부

성격과 성격장애

1장

성격과 성품

1) 성격이란

성격(personality)이란 한 개인이 가지고 있는 고유의 성질이나 품성을 말한다. 일반적으로 성격은 자신이 타고난 기질과 환경 속에서 형성된다고 본다. 즉 성격은 부모로부터 받은 유전과 양육과 환경, 사회문화적인 가치관, 교육 등에 영향을 받으며 형성되는 것이다. 인간은 자신의 성격을 통해 생각하고, 느끼고, 행동하고, 주변 사람들과 관계를 맺고, 주어진 환경에 대처해 나가는 일관성과 지속성, 안전성을 가지고 있다. 즉 성격은 사람들이 가지는 비교적 지속적이고 중요한 심리적 특성이라고 말할 수 있다(조성호, 2010). 이처럼 인간의 성격은 인생의 초기 또는 아주 오랜 시간 성장하는 과정 속에서 형성되어 인간의 사고와 행동을 결정하는 역할을 하게 된다. 하지만 영어에서의 '성격' personality는 그리스어의 persona에서 유래되었다. 그리스어의 페르조나(persona)는 연극에서 배우들이 쓰던 가면을 일컫는 말이다. per는 ~를 통하여(through), sonare는 말하다(speak)라는 뜻이다. 지금도 이 말은 연극에서 배우의 역할을 나타내는 용어로 사용되기도 한다. 이처럼 페르조나는 사람의 참모습이라기보다는 배우가 가면을 쓰고 무대에서 연극하듯이 사람들이 사회적 환경 속에서 피상적으로 나타내는 사회적 이미지를 말한다. 즉, 성격(personality)이란 사회라는 커다란 무대에서 사람들이 나타내는 외현적인 행동 양상인 것이다. 우리가 사회적 관계를 맺으며 살아가는 모습과 진정한 내면의 모습에는 차이점이 있다는 뜻이기도 하다. 즉, 성격이 우리의 삶 속에서 일관성과 지속성, 안전성을 나타내고는 있지만 진정한 자신의 내면을 대면하지는 못한다는 것이다.

2) 성품이란

성품(disposition)은 사람의 성질이나 됨됨이를 말한다. 즉, 사람됨을 말한다. 성품은 사람됨의 긍정적인 열매이기 때문에 교육과 훈련 등의 노력 그리고 환경을 통해서 다듬어지고 성숙되어지는 것이다. 하지만 아무리 침착한 성품의 소유자라고 해도 심한 스트레스로 인해 정신적으로, 심리적으로 부적응 상황에 놓이게 되면 평소 성격과 다르게 허둥대며, 안절부절 못하거나 혼란스러운 모습을 보인다. 때로는 분노를 표출하는 경우도 있다. 이처럼 환경이나 상황이 사람의 행동과 태도에 많은 영향을 주고 있음에도 불구하고 우리는 성격이라는 말을 통해 그러한 변화 속에서 일관되게 유지되는 한 사람의 고유한 특성이 있다는 것을 암묵적으로 가정하고 있다(민병배, 이한주, 2007). 성격과 성품은 그 사람의 인격을 대변한다. 우리가 먹고, 마시고, 사용하는 모든 재료, 먹거리, 생활용품 등에는 맛과 품질이라는 것이 있어 가격을 책정하고, 평가한다. 그런 것처럼 우리 인간에게도 격이라는 것이 있다는 것이다. 인격은 바로 사람으로서의 됨됨이와 사람으로서의 품격을 말하고 있다. 사람들은 저마다 다른 성격을 가지고 있다. 각자가 가지고 있는 성격의 개성과 다양성은 인정하되 기본적으로 사람으로서 갖추어야 하고 지켜야 할 도리가 있다는 것이다. 사람들은 인격을 통해 평가받고, 존경받고, 인간관계를 유지해 나간다. 그리고 우리의 인격을 대변하는 것이 바로 '성격'이다. 우리는 성격을 통해 자신을 말하고, 인간관계를 맺고, 세상을 이해하고, 배우고, 계획하고, 사랑하며 살아간다. 철의 여인으로 불리는 마가렛 대처(Margaret Thatcher 1925-2013)는 "우리는 생각하는 대로 된다."라는 유명한 말을 했다. 그녀는 '말을 조심하라 행동이 된다. 행동을 조심하라 습관이 된다. 습관을 조심하라 인격이 된다. 인격을 조심하라 운명이 된다. 우리는 생각하는 대로 된다.'라고 했다. 대처는 영국 최초의 여성 수상이며, 세 번의 연임으로 영국 역사상 최다 임기를 역임한 총리이다. 10년 동안이나 수상의 자리에 있으면서, 영국 전반에 퍼져 있던 포퓰리즘(populism)에 맞서 싸운 강인한 의지와 리더십으로 많은 여성들의 롤 모델(Role model)이 되었다. 성격의 힘과 영향력은 자신의 인생을 좌우할 만큼 강한 에너지를 가지고 있다. 만약 이런 성격에 문제가 있다면 반드시 우리의 삶에 부정적인 영향을 미치게 할 수밖에 없다.

3) 성격의 구성요소

사람들은 같은 상황 속에서도 저마다 다르게 생각하고, 느끼고, 반응하고, 행동한다. 이런 차이는 사람마다 다른 '성격'을 가지고 있기 때문이다. 자신의 가지고 있는 성격에 따라 인생을 살아가는 방식도 다양하다. 세계관, 가치관, 철학, 신념, 직업관, 대인관계를 하는 방식 모두 자신만이 가지고 있는 성격을 통해 말하고 있다. 이러한 개인만의 특성을 가지고 있는 성격을 이훈구(2010)는 특질성격, 인지성격, 동기성격, 정서성격으로 구분하여 네 가지 구성요소를 설명하였다.

① 특질성격

성격은 개성이라고도 말한다. 즉 성격이란 개인의 독특한 성격이고 성격이 같은

분노심리와 성격 이해하고 다루기

사람은 없기 때문이다. 특질이란 어떤 사람이 여러 상황에서도 일관성 있게 두드러지게 나타내는 행동을 말한다. 한 사람의 어떤 한 성격특징을 말하는 것이다. 성격특질은 다섯 가지 요인으로 설명한다. 첫 번째는 신경증성향으로 염려가 많고, 예민한 한 특성으로 감정적으로 불안정, 부적절, 우울한 사람이다. 비현실적이고 적응력이 떨어진다. 두 번째는 외향성이다. 외향성은 사교적, 적극적, 수다스러운, 낙천적인 특질로 사람 중심적이고 다정다감하며 재미있는 사람이다. 세 번째는 경험에 대한 개방성이다. 경험에 대한 개방성은 호기심이 많고 창의적이며, 상상력이 풍부한 특징을 나타낸다. 네 번째는 우호성이다. 우호성은 온유하고, 믿음직하고, 사람들을 잘 돕는 성격이 좋은 특징이 있다. 다섯 번째는 성실성이다. 성실성은 조직화된, 믿을 만한, 열심인, 절제된, 어김없는 깔끔한, 양심적이고 야망 있는 특성을 나타내 보인다. 특질성격 심리학자들은 이 다섯 가지 요인은 대부분의 사람들에게서 볼 수 있다고 말한다. 그리고 행동유전학자들은 성격의 특질은 유전과 환경에 영향을 받는다고 말한다. 대표적인 학자는 쌍둥이 연구의 보차드와 맥규(Bouchard & McGue, 1981), 유전성 연구의 버스와 프로민(Buss & Promin, 1984)이 있다.

② 인지성격

사회심리학은 인간의 행동을 설명하는 데 있어서 개인의 성격보다는 상황을 더 중요시 한다. 자기 또는 자아가 행동의 주체로 자기도식, 자아개념, 신념, 태도, 가치관, 인생관 등을 어떻게 자신이 스스로 느끼고 생각하고 있는가를 말한다. 즉 성격은 유전에 의해 생득적으로 타고나는 것이 아니라 개인이 자신의 환경을 어떻게 인지하고 받아들이는가에 따라 형성된다고 보는 것이다. 다시 말해 자신의 운명을 스스로 개척하려는 의지, 반대로 운명은 운이나 하늘이 결정한다고 말한다. 내외적 통제감이 어느 쪽을 택하느냐에 따라 행동이 결정되는 내외적 신념, 구체적인 어떤 일과 관련한 자기능력에 대한 믿음인 자기효능감, 부정적 기대에 의한 무기력감, 정치, 경제, 문화를 바라보는 사회적 태도와 같은 인지적 요소이다. 이것은 후천적으로 학습하고, 습득하는 것이라고 말한다. 대표적인 학자는 셀리그먼(Seligman)의 무기력감과 반두라(Bandura)의 자기효능감, 로터(Rotter)의 내외적 통제감 등이 있다.

③ 동기성격

동기 성격은 우리가 어떠한 욕구와 동기가 있기 때문에 행동한다는 이론이다. 동기심리학의 머레이(Murray)는 28가지의 동기 목록을 제시하고 이들 동기를 주제통각검사(TAT, thematic Apperception Test)통해 동기심리학을 활성화하였다. 동기에는 개인 속에서 방출되는 동기(Need: N)와 환경이 주는 동기(Press: P)로 나누어 설명했다. 머레이는 행동이 상황으로부터 영향을 받는다는 것을 시사했다. 이는 사회심리학자가 성격형성에 환경을 중요시하는 것과 같다. 머레이는 양육, 보존, 성취, 지배, 공격, 친애, 방어, 인정, 우월, 과시 등의 28가지의 욕구를 제시했다. 미국의 철학자이자 심리학자인 매슬로(Maslow, 1943)는 동기이론 발표를 통해 인간의 욕구단계이론(Maslow's hierarchy of needs)을 제시하였다.

매슬로(Maslow)는 인간의 욕구를 5가지 단계로 설명했다. 첫 번째 단계는 생리적인 욕구이다. 두 번째 단계는 안전에 대한 욕구이다. 세 번째는 소속감과 사랑에 대한 욕구이다. 네 번째는 자존감에 대한 욕구이다. 그리고 다섯 번째는 자아실현에 대한 욕구이다. 다섯 가지 욕구 단계는 크게 두 가지 결핍욕구와 성장욕구로 나눈다. 결핍욕구는 생리적, 신체적 또는 존재적 욕구, 안전 욕구, 소속감과 애정욕구, 자존욕구로 나뉜다. 성장욕구는 자아실현을 위한 욕구, 지식욕구와 이해욕구, 심미적 욕구로 나뉜다. 결핍 동기는 평형상태의 복귀와 긴장완화를 요구하고 있다. 결핍욕구가 충족되면 성장욕구를 가지게 되고 따라서 성장으로 동기유발이 된다. 굶주림, 공포, 고독, 좌절감 등의 결핍 동기는 극도의 긴장을 유발시키기 때문에 동기의 부정적 형태인 반면에 성장 동기는 적극적이며 성장, 발전, 진보로 표시되는 긍정적인 형태이다. 이처럼 매슬로는 인간의 욕구는 타고난 것이고 욕구는 하위단계에서 상위단계로 계층적으로 구분되며 하위단계의 욕구가 충족되어야지만 그 다음 욕구가 발생한다는 이론이다. 하지만 사람마다 가치관, 신념, 행복, 자아실현의 욕구는 다를 수 있다는 점에서 매슬로의 욕구 단계의 점진적 성장과 발전의 단계는 모든 사람들에게 일반적으로 적용하기에는 한계가 있다.

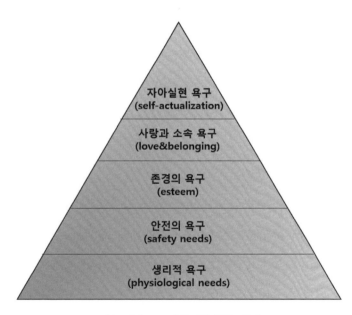

매슬로우(Maslow)의 인간 욕구 5단계

④ 정서와 성격

정서는 프로이트(Freud) 때부터 중요시되었다. 프로이트는 성욕과 공격성 본능이 사회규범, 도덕, 그리고 부모의 통제로부터 억압되어서 불안, 죄책감, 분노가 발생한다고 했다. 정신분석치료는 억압된 정서를 야기한 사건을 환자들이 회상하게 하고 이를 정화시키는 것이 치료의 핵심이다. 그러나 너무 추상적이고 과학적이지 않다는 한계성 때문에 정서 문제는 심리학자의 관심에서 제외되었다. 그 후에 인간을 행동의 주체가 아닌 수동적이고 반응적인 존재로 간주하는 행동주의 반발로 인본주의, 인지심리학이 태동하였고, 인간을 컴퓨터와 같은 열정이 없는 차가운 기계로 간주하는 인지심리학의 반발로 정서심리학 분야가 태동하게 되었다. 정서심리학은 표정, 몸짓, 목소리만으로도 거짓말을 알아내고, 상대방이 어떤 감정 상태인지를 알아내는 비언어적 커뮤니케이션 분야의 세계적 전문가인 폴 에크만(Paul Ekman)에 의해서 태동되었다. 에크만은 아프리카 원시 부족인 포레족과 미국 대학생의 얼굴 표정에서 희노애락과 같은 기본정서는 문화를 막론하고 그 표현 방법이 동일하다는 연구결과를 얻어 냈다. 즉 행복, 혐오, 놀람, 슬픔, 분노, 공포의 6가지의 기본정서는 성격형성의 근간이 되고 동시에 성격을 기능하는 데 중요한 역할을 하는 정서라고 주장했다. 우리의 일상생활은 정서와 분리해서 생각할 수 없을 정도로 하루에도 수많은 정서를 경험하고 행동하기 때문이다.

지금까지의 성격의 특질성격, 인지성격, 동기, 정서의 네 가지 구성요소를 살펴보았다. 성격의 이해와 형성에 대한 학자들마다 다른 정의를 내리고 있다. 그렇다고 해서 네 가지의 요소가 독립적으로 분리되어 개인의 한 성격으로 나타나는 것은 아니다. 네 가지의 구성요소는 인간을 대상으로 성격심리학자들이 자신의 생각을 중심으로 관찰을 통해 만든 이론이라는 점과 한 인간의 성격을 한 성격의 틀 안에서 이해하기는 어려운 점이 많기 때문이다.

2장
애착관계와 성격형성

1) 애착이란

애착(attachment)의 사전적 의미는 몹시 사랑하거나 끌리어서 떨어지지 않는 마음이다. 즉 사람이나 사물에 대한 의미, 가치, 무게 등에 각별한 정을 두는 것이다. 하지만 정신분석학, 사회심리학, 상담심리학에서는 애착(attachment)을 인간행동을 수반하는 내적 정서 중의 하나로 보고 있다. 더 나아가 일반적으로 우리가 여러 인간관계에서 느끼는 친밀감과 구분되는 특정한 대상만을 향하여 느끼는 다른 어떤 것과도 바꿀 수 없는 독특하고 강한 친밀감을 말한다(최창국, 2011). 그런 의미에서 애착은 인간의 생애 가장 최초에 나타나는 발달 문제로서 유아와 양육자 사이의 유대관계를 의미한다. 애착은 근접과 접촉을 추구하는 경향성이다. 유아는 자신이 필요할 때에 애착대상을 찾고 신체적, 심리적으로 접근하려는 시도를 한다. 애착관계가 어떻게 형성되었느냐에 따라 생존과 성숙에 크게 영향을 미치게 된다고 했다. 안나 프로이트(Anna Freud, 1966)는 유아의 잠자는 형태에 대한 연구에서 신생아는 3개월 정도가 될 때까지 밤에 잠을 자는 것으로 안정을 취한다고 한다. 하지만 부모와의 애착관계가 성립되는 6~12개월의 유아는 밤에 잠을 몇 번씩 깨면서 잠을 설치는데 이 시기 유아의 삼분에 일이나, 반 정도의 아이들은 밤에 잠을 깨는데, 잠을 깊게 자지 못하고 설치는 이유를 안나 프로이트(Anna Freud)는 신체적인 문제가 아니라 심리적인 문제로서 잠과의 싸움이라고 했다. 즉, 어머니의 부재 현상을 유아가 느끼기 때문이라는 것이다. 아이의 나이가 3세쯤 되면 대체로 이러한 어머니의 부재가 위험을 초래하지 않는다는 것을 이해하고 어머니의 부재 현상에 대한 공포의 문제를 극복한다고 설명했다(남명자, 2010).

2) 애착이론

행동발달이나 정서발달 전문가들에 의하면 어린 아기는 6~18개월 사이 애착대상과의 관계 속에서 강한 애착정서가 형성된다고 한다. 애착관계는 대부분은 어머니이며 어머니와의 관계 속에서 내적구조를 형성한다고 말한다. 애착은 일반적인 인간관계와 다른 다음과 같은 특징을 나타낸다. 첫째는 근접성 유지(proximity maintenance)의 욕구이다. 애착대상과 항상 가까이 있거나 붙어 있기를 원한다. 모든 문화권의 어머니는 어린 자녀를 업거나 안고 다닌다. 어린아이는 항상 엄마의 곁에 있기를 바라며 엄마와 떨어지면 불안해한다. 둘째는 애착대상이 안전한 안식처(safe haven)로 여겨진다. 아이는 엄마와 함께 있으면 마음이 편안하고 행복함을 느낀다. 고통과 불안함으로부터 위로를 받는 원천이 된다. 셋째는 이별고통(separation distress)이 존재한다. 애착대상과 멀리 떨어지거나 헤어지면 고통스러움을 느낀다. 특히 애착대상과의 예기치 못한 영원한 이별이나 장기간의 이별은 매우 고통스럽다. 마지막으로 애착대상은 안전기지(secure base)의 역할을 한다. 언제나 되돌아가면 항상 자신을 반겨 주고 휴식할 수 있으며 위로받을 수 있는 사람이 존재한다는 확신은 세상을 적극적으로 탐구하고 사회생활은 활기차게 할 수 있는 바탕이 된다. 애착 대상과 떨어지는 경우 경험하는 분리불안, 즉 이별의 고통은 어린아이에게 자연스러운 것이다. 분리불안장애는 애착대상이 안전기지로 여기지 못하고 과도한 이별 고통을 나타내는 경우라고 할 수 있다.

애착 연구자인 메리 애인스워스(Mary Ainsworth)와 동료들은 1978년 아동의 애착행동을 연구를 통하여 아동과 엄마의 애착이 아이의 정서와 행동 및 삶에 미치는 영향에 대해서 설명하였다. 아동과 엄마를 낯선 환경에 함께 있다가 엄마가 잠시 자리를 떠났을 때 아이의 반응과 엄마가 다시 돌아왔을 때 아이의 반응을 세밀하게 분석하였다. 아동의 애착패턴은 네 가지 유형으로 나타난다.

① **안정애착(secure attachment)**이다. 낯선 장소에서 엄마와 함께 있을 때에는 편안하게 놀다가 엄마와 이별을 하자 약간의 불안을 보이기 시작한다. 하지만 엄마가 다시 돌아오자 아이의 불안은 신속하게 완화되었다.

② **불안애착(anxious attachment)**이다. 아이는 엄마가 자신의 곁에 있는지를 항상 신경을 쓰고 엄마와의 이별에 극심한 불안을 나타낸다. 엄마가 돌아와서 달래도 엄마를 밀쳐 내며 저항하였다. 아이가 울면 어느 때에는 엄마가 반응하고, 어느 때에는 아이를 무시하는 식으로 했기 때문에 아이는 부모가 항상 자신의 욕구에 반응해 줄 거라는 확신이 없기 때문이다.

③ **회피애착(avoidant attachment)**이다. 아동이 엄마와의 이별에 무관심할 뿐만 아니라 엄마가 돌아와도 품속에 안기기를 회피하였다.

④ **혼란애착(disorganized attachment)**이다. 아동이 몸을 흔들거나 얼어붙은 모

습을 나타내는 등 일관성 없는 행동을 하였다. 엄마가 돌아왔는데도 선뜻 엄마에게 안기지 못하고 몸을 옆으로 돌린다든지 울면서 엄마로부터 뒷걸음질 하거나 또는 팔다리를 뻗은 채 꼼짝하지 않고 바닥에 엎드려 있는 반응을 보였다. 애인스워스(Ainsworth) 연구를 통해 불안애착, 회피애착, 혼란애착은 인간관계에 부정적인 영향을 미치는 불안정애착(insecure attachment)이라고 설명하였다.

안전애착은 아이들이 양육자에 대한 확신을 가지게 되었다는 의미이다. 안전애착이 형성된 아이들은 또래의 친구들하고도 잘 어울리며 인기도 많다. 교사와도 친밀한 관계를 맺고 스트레스에도 효과적으로 대처했다. 아이들은 자신의 욕구가 있을 때 양육자에게 가면 자신의 욕구에 반응해 줄 거라는 신뢰가 있기 때문에 안정적인 애착관계를 형성하게 되는 것이다. 양육자의 규칙적이고 안정적으로 신뢰성 있게 아이의 욕구에 반응하는 것이 중요하다. 부모와의 안정애착을 형성한 아이는 자아존중감이 높고 성인이 되어서 결혼 생활에도 긍정적인 영향을 주는 것으로 나타났다. 하지만 반대로 불안애착과 회피애착은 또래와의 관계에서 좋지 않은 영향을 주는 것으로 나타났다. 회피애착의 경우 아이가 위로를 양육자로부터 받아본 경험이 적기 때문에 자기표현을 억제하거나 혼자 조절하려고 한다. 당연히 또래 집단에 어울리기보다는 혼자서 노는 경우가 많다. 불안형의 경우에는 부모의 태도가 일관성이 없었기 때문에 상대방의 반응을 예측할 수 없어서 분노를 과장하게 표현한다. 또래와의 관계에서도 쉽게 화를 내거나 공격성을 보였다. 애착 가운데 가장 염려스러운 애착은 혼란된 애착이다. 혼란애착은 부모가 경제적으로 어렵거나 스트레스나 우울증 상황에 처해 있을 때 많이 나타난다. 애착관계의 형성단계에서 아이는 부모가 위로의 대상인지 아니면 또 다른 불안의 대상인지를 판단하지 못하기 때문에 아주 심한 혼란과 두려움의 상태에 빠지게 된다. 또래와의 관계에서도 적대적이고 전반적으로 사회성이 떨어졌다.

인간은 대부분의 생물체와 달리 부모에 대한 의존 기간이 길고 서서히 성숙해 나간다. 성인이 되어서 고착되는 성격은 어린 시절의 경험이 매우 중요하다. 발달의 궁극적인 결과는 내적인 성숙과 외부환경이라는 두 가지 요소를 적절히 조합시킨 것이다. 환경적인 영향이 중요한 것은 정상적인 성장 과정을 왜곡하여 병적으로 만드는 힘이 있기 때문이다. 성숙된 부모에 의해서 안정적인 정서와 환경을 제공받는다면 아이는 정서적으로 안정되어 건강한 성인으로 성장하게 된다(유범희, 1997). 이처럼 초기에 형성된 내적구조 즉, 부모와의 애착관계는 성장기나 성장기 이후 대인관계에 결정적인 영향을 미칠 수 있다. 즉, 성격, 대인관계, 사회성, 결혼 생활, 문제의 대처능력 등 일생을 걸쳐 영향을 줄 수 있다는 것이다. 최초 양육자 즉 부모와의 초기 관계가 인간관계의 원형이 되는 것이다. 물론 어린 시절 건강한 양육자에 의해서 건강하지 못한 내적구조가 형성되었다고 해서 모두가 안정적이지 못한 삶을 살지 못한다는 것은 아니다. 하지만 어린 시절 건강하지 않은 애착형성은 삶에 많은 부정적인 영향을 미치며, 성장 후 안정적인 내적구조로 바꾸어 나가는 데는 많은 시간과 노력이 필요하다.

3장

성격장애(Personality Disorders)

1) 현대 사회의 사회현상

K항공 부사장의 땅콩회항사건에 이어 동생인 전무의 갑질 논란이 H그룹 오너 (owner) 일가 전체로 확대됐다. 특히 전무의 모친인 I재단 이사장이 직원들에게 막말과 폭행을 가하는 녹취와 영상이 연이어 공개되자 국민들은 더 놀라움에 말을 잃었다. 이사장의 전 운전기사가 방송사에 제보한 음성파일에 따르면 이사장은 "야 이 개XX야!", "씨X놈의 개XX, 어유!", "죽어라 이 XX 같은 개XX들아!"라며 쉬지 않고 욕설과 고성을 내지른다. 전 이사장이 화를 내는 행동패턴을 보면 일반적인 분노를 표현하는 방식은 아니다. 일반적으로 분노를 느끼는 사람들은 화가 날 만한 상황이나 화를 나게 하는 대상을 경험하면서 자신의 분노감정을 표출하게 된다. 하지만 전 이사장은 상대방이 분노의 이유를 제공하지 않는데 계속 화를 내거나 욕설을 한다. 분노는 상황에 따라 반응을 하는 '반응적 분노'와 상대방에게 자신의 지위나 신분을 각인시키기 위해 이용하는 '도구적 분노'를 구분해서 이해할 필요가 있다. 반응적 분노는 나름 자신들이 분노를 표출하는 상황이나 이유가 있다.

분노심리와 성격 이해하고 다루기

하지만 도구적 분노는 그런 상황이나 자극이 없는데도 자신의 분노를 표출하는데, 그런 종류의 도구적 분노를 많이 활용하는 사람들은 대부분 성격장애일 가능성이 높다.

이들의 행태를 보면 언행의 과격함이 통상적인 수준을 넘는다. 타인에 대한 공감능력이 없고, 약자에게 강하고, 강자에게 약한 모습을 보인다. 굉장히 거만하고 착취적이다. 다른 사람의 감정을 전혀 고려하지 않는다. 자신의 마음대로 안 됐을 때 바로 분노를 표출하는 모습을 보인다. 이는 자기애성 성격장애의 특성을 나타내고 있다. 성격장애는 보통 본인이 아니라 타인을 불편하게 한다. 이 때문에 성격장애를 가진 경우 대인관계에 많은 부정적인 영향을 주기 때문에 문제를 인식하고, 치료적 접근을 하거나 고치려고 노력을 하게 된다. 하지만 물리적, 경제적, 힘이 있는 권력자들은 성격장애가 있어도 문제의 심각성을 인식하지도 않고, 인식을 해도 고치려 하지 않는다. 특히 우리나라 많은 재벌 2세, 3세들은 태어나면서부터 금수저를 입에 물고 나온다. 부와 권위를 그대로 대물림하면서 조선시대 사대부들의 특권의식에 사로잡혔다. 자칭 상류 계층 특유의 미성숙한 문화와 분위기가 형성되어 있다. 성장과정에서 자녀들이 기본 인격 수양에 대한 관심을 보이지 않은 채 성인으로 성장했고, 자신의 능력에 맞지 않고 버거운 자리에 앉아 책임을 다해야 하는 경우 부모 등에게 받은 스트레스를 남에게 풀고, 모든 책임을 떠넘기는 투사(Projection)의 방어기제를 사용하게 된다. 상황에 대한 재인식, 재해석, 소통 대신 일단 소리 지르고 주먹을 휘두르는 행동화 경향(Acting out) 등의 미성숙한 자기 방어기제를 나타낸다. 대부분의 사람들은 자신이 한 행동을 후회하고 '내가 왜 그랬지?'라며 자괴감을 느끼는 사람들은 자신의 문제를 인식하고 전문가의 도움을 필요로 하거나 찾는다. 하지만 전 이사장은 자신이 그런 식으로 행동해도 큰 상관이 없고, 자신의 잘못을 심각하게 인식 못 하고 있을 가능성이 있다. 자신의 문제를 성격장애로 생각하지 않을 수 있다.

2003년 2월 문화일보 기사에 의하면 우리나라 20세 남성의 절반가량이 대인관계나 사회생활에 지장이 있는 성격장애 가능성이 있다는 조사결과가 나왔다. 성격장애는 자신의 문제를 남이나 사회 탓으로 돌려 현실에 적응하지 못하는 일종의 정신장애이다. 서울대 의대 정신과 권준수, 류인균 교수팀은 서울지방병무청에서 신체검사를 받은 20세 남성 5971명을 대상으로 '성격장애 자가진단(PDQ4+)' 설문을 실시한 결과 총점 99점 중 성격장애가 의심되는 기준인 30점을 넘은 응답자가 전체의 44.7%인 것으로 조사됐다. 이 같은 수치는 미국이나 유럽 등 선진국에서 나타나는 평균 11~18%와 비교할 때 최대 4배나 높은 것이다. 연구팀은 성격장애의 기준이 각국의 사회문화적 배경에 따라 다를 수 있지만 이를 감안해도 외국보다 성격장애 가능성이 훨씬 높게 나타났다고 지적했다. 특히 12개 유형별 성격장애 가능성 측정결과 지나치게 자신에게 집착하고 대인관계가 서툰 '강박성 성격장애(49.4%)'가 가장 높게 나타났다. 이어 문제의 합리적 해결과 대인관계를 꺼리는 '회피성 성격장애(34.7%)', 자신밖에 모르고 변덕이 심한 '연극성 성격장애(25.6%)', 남들을 끊임없이 의심하는 '편집성 성격장애(22.6%)' 등 유형도 많았다. 류 교수는 "가정교육 붕괴와 사회가치관 부재가 우리 사회에서 미성숙한 어른들을 양상하는 원인이라며 가정에서 남에게 폐를 끼치지 않고 더불어 사는 것부터 가르쳐야 한다."고 충고했다(문화일보 김남석, 2003).

우리나라는 경제적인 성장과 함께 사회, 경제, 문화에서 많은 성과를 이루었다. 경제성장과 함께 물질적으로는 살기가 아주 편해졌지만 그 뒤에는 사회양극화로 인한 빈부의 격차가 날로 벌어지고 있다. 가정교육의 붕괴와 공교육의 획일화 된 서열식 교육은 인간의 존엄성과 삶의 진정한 가치를 가르치는 인성교육을 소홀히

하게 되었다. 그로 인해 인간의 존엄성은 경시되고 가정의 붕괴, 물질만능주의 가치관으로 더불어 살아가는 사회적 존재라는 가치를 회색시켰다. 자신이 살아남기 위해 타인을 경쟁과 희생의 제물로 만들어 버린 부정적인 사회현상을 만들었고 사회문제로 이어지고 있다. 아이는 어떤 부모를 만나느냐에 따라 그 인생이 달라질 수 있다. 아이 인생의 성패는 어떠한 사회적 배경을 가진 부모에게서 태어나느냐 하는 물리적인 조건보다는 어떠한 양육태도와 철학을 가진 부모에게서 태어나 양육 되어지느냐에 따라 아이의 건강한 성장이 좌우될 수 있다. 적어도 아이가 부모의 소유물이 아닌 하나의 독립된 인격체라는 사실만이라도 제대로 인식하고 아이를 양육한다면 부모와 아이의 인생은 달라질 수 있다.

2) 성격장애란

정신장애는 비교적 무난한 현실적응을 하던 사람이 어떤 부정적 사건이 계기가 되어 발생하는 경우가 대부분이다. 이와 달리 성격장애는 개인의 성격특성 자체가 특이하여 부적응적인 삶이 지속되는 경우이다. 어린 시절부터 서서히 발전하여 성인기에 개인의 성격으로 굳어진 심리적 특성이 부적응적인 양상을 나타낸다(권석만, 2014). 즉 성격장애란 어린 시절부터 서서히 발전하기 시작해 청소년기 또는 초기 성인에 공고화된 개인의 병리적인 정서, 사고 및 행동 양식이다. 시간과 상황에 걸쳐 일관성 있게 안정적으로 지속되며 좀처럼 변하지 않는다. 성격장애를 가지고 있는 사람은 성격패턴이 경직되고 융통성이 결여되어 자신이나 주변 사람들에게 많은 불편감을 주는 상태이다. 다양한 상황의 요구에 부응하여 행동하려면 유연하고 융통성이 있는 성격이 요구된다. 일반적으로 성격장애가 있는 사람은 스트레스나 상황의 변화에 대해 부적응적인 반응을 보인다. 그로 인해 자신의 직업이나 대인관계에서 심각한 문제를 들어내는 것이 보통이다. 성격장애자는 주변 사람을 당황스럽거나 불쾌하게 만들고 때로는 "격노"하게 만든다(민병배, 이한주, 2007). 그러나 어떠한 사람이 특이한 성격이나 행동을 보인다고 해도 그가 일상생활을 잘 영위하고 다른 사람과도 문제를 일으키지 않고 관계를 잘 유지한다면 이는 성격장애로 볼 수 없다(이훈진, 이명원, 2009). 성격장애를 진단하기 위해서는 미국정신의학회에서 발간한 정신장애 진단 및 통계편람인 DSM-Ⅵ에서 제시하는 기준에 맞아야 한다.

분노심리와 성격 이해하고 다루기

4장

DSM-5의 성격장애진단 분류

성격장애라는 용어를 처음 도입한 사람은 윌헬름 리치(Wilhelm Reich)이다. 그는 '성격의 갑옷'(charater armor)이란 사람이 불안감을 줄이기 위해서 특정한 형태의 행동을 하고, 생각, 지각과 같은 느낌에 적용하는 것을 의미한다. 이러한 과정을 통해 형성된 성격은 융통성이 없이 경직되어 불안감으로부터 자신을 보호하기 위해 더욱 자신의 갑옷 속으로 움츠리게 된다고 말한다. 경직된 성격은 적응과 부적응 형태로 나타나는데 현재 성격장애로 정의된 사람들은 부적응 성향의 성격성향을 나타내는 것을 의미한다(남명자, 2010). 미국정신의학회(APA: American Psychiatric Association)의 정신장애 진단 및 통계편람 DSM-VI(Diagnostic and Statistical Manual of Mental Disorders)에서는 그동안 고수했던 다축 진단체계의 더 이상 채택하지 않았다. 즉, 임상적 증후군, 성격장애, 신체적 질병, 심리사회적 스트레스 사건, 현재의 기능 수준의 다섯 가지 차원에서 정신장애에 대한 다양한 정보를 수집하여 진단하던 것을 임상적 유용성과 타당성이 부족하다는 이유로 폐기되었다. 성격장애를 주요 정신장애와 별개의 축으로 분류하지 않으며 주요 정신장애 중 한 범주에 포함한다. DSM-VI에서는 전통적으로 사용해 온 3개 성격군집(cluster)하에 포함되는 총 10개의 하위유형의 성격장애를 구분하였다.

DSM-VI의 일반적인 성격장애의 진단 기준은 다음과 같다.

A. 개인이 속한 사회의 문화적 기대에서 심하게 벗어난, 지속적인 내적 경험과 행동 양식이다. 이 양식은 다음 영역 가운데 2개(또는 그 이상) 영역에서 나타난다.

　a) 인지(예: 자신과 타인, 그리고 사건을 지각하고 해석하는 방식)

　b) 정동(예: 정서 반응의 범위, 강도, 불안정성, 그리고 적절성)

　c) 대인 관계 기능

　d) 충동 조절

B. 고정된 행동양식이 융통성이 없고 개인 및 사회생활 전반에 넓게 퍼져 있다.

C. 고정된 행동양식이 사회적, 직업적, 그리고 다른 중요한 영역에서 임상적으로 심각한 고통이나 기능장애를 초래한다.

D. 양식이 변하지 않고 오랜 기간 지속되어 왔으며, 발병 시기가 적어도 청소년기나 성인기 초기로 거슬러 올라간다.

E. 고정된 행동양식을 다른 정신장애의 표현이나 결과로 설명할 수 없다.

F. 고정된 행동양식이 물질(예: 남용 약물, 치료 약물) 또는 다른 의학적 상태(예: 두부 외상)의 생리적 효과로 인한 것이 아니어야 한다.

DSM-VI에서 제시하는 성격장애에 대한 일반적인 진단 기준은 DSM-IV와 큰 차이가 없다. 성격의 일반적인 정의를 따라, DSM 체계 내의 성격장애 역시 생활 전반에 넓게 퍼져 있는 융통성 없고, 고정된 병리적인 행동양식으로 본다. 이때 병리적 행동 양식이라 함은 개인의 인지적 특성(인지), 정서적 측면, 대인관계에서의 기능, 충동 조절, 이 네 가지 속성으로 분류한다. 미국정신의학회의 DSM-Ⅵ에서는 성격장애를 크게 3가지 군집으로 분류하고 하위유형으로 성격장애를 10가지로 구분한다. 분류와 특징은 다음과 같다.

1) A군 성격장애

A군 성격장애는 기이하고 괴상한 행동과 사회적으로 고립되고 동떨어져 지내는 것이 특징으로 나타나는 성격장애이다. 성격장애로는 편집성 성격장애, 분열성 성격장애, 분열형 성격장애가 있다.

① 편집성 성격장애(paranoid personality disorder)

편집성 성격장애의 본질적인 특징은 다른 사람에 대한 불신과 의심으로 가득 찬 것이다. 다른 사람의 행동을 계획적인 요구나 위협으로 인식하여 지속적으로 의심과 불신을 강하게 나타내는 성격특성을 말한다. 그로 인해 사람들과 좋은 관계를 맺지 못할 뿐만 아니라 상대방을 화나게 만든다. 상대방이 화를 내면 자신의 예상이 적중했다는 생각에 의심과 경계를 더욱 강화하게 된다(이훈진, 이명원, 2009). 이처럼 상대방의 믿음, 의리, 정절에 대해서 의심과 불신이 매우 강해서 다른 사람들의 의도를 악의적, 적대적으로 판단하고 해석하여 부당하게 거절, 무시, 비난, 이용을 당하고 피해를 입었다는 인지적 왜곡을 보인다. 심지어 원한이 맺혔다고 여기면 오랫동안 앙심을 품고 있다가 보복하거나 분노를 표출한다. 겉으로는 합리적이고 객관적인 것 같지만 잘 따지고 고집이 있고 상대의 말을 비꼬는 경향이 있다. 다른 사람에 대한 믿음과 신뢰가 부족하기 때문에 혼자서 일처리를 하거나 조롱, 지배하려는 욕구가 강하다. 편집성 성격장애와 분열형 성격장애는 의심, 대인관계의 고립, 편집성 사고와 같은 특성을 공유한다. 편집성 성격장애의 유병률은 일반

인구의 0.5%~2.5%이며, 정신과 입원 환자의 10%~30%, 외래 정신과에서는 2~10%로 보고되고 있다. 편집성(망상성) 성격장애는 소아기와 청소년기에 처음으로 눈에 띄게 된다. 주로 외톨이이며 빈약한 친구관계와 사회에 대한 불안, 학교성적 불량, 과민성, 괴상한 생각과 언어, 특이한 공상을 한다. 이런 소아들은 괴상하거나 엉뚱해 보여서 친구들에게 놀림감이 되기도 한다. 임상 장면에서는 여성보다는 남성이 더 많다(이근후 외 역, 1995).

DSM-Ⅵ의 편집성 성격장애 일반적인 진단 기준은 다음과 같다. 다음의 7가지 항목 중에서 4개 이상 충족되어야 한다.

(1) 충분한 근거 없이도 다른 사람들이 자신을 착취하고 해를 주거나 속인다고 의심한다.
(2) 친구나 동료의 성실성이나 신용에 대한 부당한 의심에 집착되어 있다.
(3) 정보가 자신에게 악의적으로 사용될 것이라는 부당한 두려움, 공포 때문에 터놓고 얘기하기를 꺼린다.
(4) 타인의 사소한 말이나 사건 속에서 자기의 품위를 손상시키려 하거나 위협적인 숨겨진 의도를 해석한다.
(5) 원한을 오랫동안 풀지 않는다. 예를 들면, 모욕, 상해, 혹은 경멸을 용서하지 않는다.
(6) 타인들에게 그렇게 보이지 않지만 자신의 성격이나 명성이 공격당했다고 느끼고 즉시 화를 내거나 반격한다.
(7) 이유 없이 배우자나 성적 상대자의 정절에 대해 자꾸 의심한다.

정신분석에서는 편집성 성격장애의 원인을 방어기제에 의한 정신병으로 생각했

분노심리와 성격 이해하고 다루기

다. 즉, 받아들일 수 없는 충동에 대한 억압의 효율성이 무너지게 되면 반동형성, 투사 등을 대안적으로 사용하게 된다. 이런 조작들이 망상을 통해 의식적인 형태로 나타난다고 보았다(이훈진, 이명원, 2009). 받아들일 수 없는 욕구는 무의식적인 동성애적 욕구로 보았다. 카메론(Cameron, 1963)은 편집성 성격장애의 원인을 어린 시절 부모나 양육자로부터 받은 언어적, 신체적, 정신적, 학대의 경험이 자신과 타인에 대한 학대로 내면화된 것이라고 했다. 그래서 자신에 대한 부정적인 평가에 예민하게 반응하여, 습관적으로 자신을 보호하기 위해서 의심, 집착, 공격, 경멸, 비판을 한다고 말한다. 인지적 입장에서는 편집성 성격장애의 원인을 이들이 지닌 독특한 신념과 사고과정에 초점을 둔다. Beck과 Freeman(1990)은 편집성 성격장애자는 3가지의 기본적인 신념을 가지고 있다고 설명한다. 첫째, 사람들은 악의적이고 기만적이다. 둘째, 그들은 기회만 있으면 나를 공격할 것이다. 셋째, 긴장하고 경계해야만 나에게 피해가 없다는 신념이 타인에 대한 불신과 기만, 불평, 격렬한 논쟁으로 관계를 악화시킨다. 즉, 타인에 대한 적대적 신념, 타인의 부정적 측면에 대한 선택적 지각, 타인의 적대적 행동유발, 타인의 적대성에 대한 신념의 확인으로 이어지는 악순환을 하는 성격성향이 지속된다는 것이다(권석만, 2014).

편집성 성격장애의 치료는 환자의 자발성 치료가 어렵다는 것이다. 환자가 자신의 문제를 인식하고 치료의 필요함을 받아들이기가 쉽지 않다. 이들의 편집성향이 사람들의 의도를 신뢰하지 못하게 하고, 치료자를 신뢰하지 못하고 불순한 의도를 가진 세력으로 간주한다. 약물치료는 일반적으로 커다란 불신을 제공하는 빌미가 된다. 약물치료 과정에서 부작용이 발생할 경우, 약물치료를 중단할 때까지 약물치료와 관련된 의심과 치료자에 대한 불신은 해소되지 않는다. 특히 편집성 성격장애는 치료가 매우 어렵다고 한다. 그러므로 망상과 편집증을 심리적인 측면에서 이해하고 치료하기 위해서는 핵심적인 동기와 인지적인 측면에 역점을 두고 치료하는 것이 중요하다. 치료자는 무엇보다 경청과 공감으로 내담자를 수용하는 한편 내담자가 직면하고 있는 문제를 좀 더 객관적으로 인지할 수 있도록 돕는 것이 필요하다.

② 분열성 성격장애(schizoid personality disorder)

분열성 성격장애의 필수적인 증상은 사회적 관계로부터 고립이다. 타인과의 친밀한 관계형성에 관심이 없고 제한된 감정표현을 한다. 즉, 공동체나 사회에 소속되는 것에 무관심하며, 더 나아가 기피한다. 정서적으로 냉담, 무관심, 둔감한 감정 반응을 보인다. 사회적으로 고립되고 동떨어져 매우 단조롭고 메마른 삶을 살아간다. 가족이나, 극소수의 사람을 제외하고는 인간관계가 없어 주로 혼자 지내는 경우가 많다. 그래서 분열성 성격장애가 심하지 않으면 단순히 수줍음이 많거나 내성적인 성격으로 보인다. 문제도 거의 일으키지 않고, 자신이 맡은 일을 천천히 꼼꼼하게 처리한다. 감정적인 반응도 크지 않아 존경, 인정, 보상 같은 것에 관심이 없으며, 주의 상황에 흔들림이 없다(한수영 역, 2009). 이러한 행동양식은 성인기 초기부터 시작되고 유병률은 정확히 알려져 있지 않으나 1%로 미만으로 보고 있다. 분열성 성격장애를 지닌 개인들이 때로는 주요 우울장애를 일으키기도 한다. 분열형, 편집성, 회피성 성격장애를 동반하는 경우가 있다(이근후 외 역, 1994).

미국정신의학회의 DSM-VI 진단기준은 다음과 같다. 다양한 형태의 사회적 유대로부터 반복적으로 유리되고, 대인관계에서 제한된 범위의 감정표현이 전반적으로 나타난다. 이러한 양상이 성인기 초기에 시작되며 여러 상황에서 나타나고 다음 중 네 가지 이상의 항목을 충족시켜야 한다.

(1) 가족과의 관계를 포함해서 친밀한 관계를 원하지도 않고 즐기지도 않는다.

(2) 항상 혼자서 하는 행위를 선택한다.

(3) 다른 사람과의 성적 경험에 대한 관심이 없다.

(4) 만약 있다고 하더라도 소수의 활동에서만 즐거움을 얻는다.

(5) 가족 이외의 가까운 친구나 마음을 털어놓을 수 있는 친구가 없다.

(6) 다른 사람의 칭찬이나 비난에 무관심하다.

(7) 감정으로 냉담, 무관심 혹은 단조로운 감정반응을 한다.

분열성 성격장애의 원인으로는 정신분석 입장에서는 기본적으로 신뢰가 결여된 것으로 보고 있다. 성장기에 부모나 양육자로부터 충분히 수용되지 못하거나 거부당한 경험이 성장 후 조용하고 수줍은 순종적인 모습으로 나타난다는 것이다. Balint(1979)는 기본적으로 타인들과 관계를 맺는 능력의 결함으로 유아기에 부모로부터 양육되는 과정에서 경험하는 부적절감에 기인한다고 주장했다. Akhtar(1987)은 외현적 상태와 내현적 상태로 구분했다. 겉으로는 무관심해 보이고 정서가 메마른 것처럼 보이지만 내면에는 예민하고 경제적이며 고집스럽고 창조적인 면이 있다고 주장했다. 이러한 양면성이 자기표상을 통합하지 못해 분열성을 반영한다고 했다. 즉 정체감의 혼란이 타인과의 관계형성에 어려움을 주고 있다고 했다(권석만, 2014). 인지적 입장에서는 분열성 성격장애의 원인을 부정적 자기개념과 대인관계의 회피사고가 개인적, 사회적 고립감의 원인으로 보았다.

분열성 성격장애의 치료는 자신들 스스로 사회적 고립을 원하고 그에 만족하는 경우가 많기 때문에 환자 자신은 치료의 필요성을 거의 느끼지 않는 경우가 많다. 비자발성 치료는 치료자와의 관계형성과 치료의 효과성이 떨어지기 때문에 우선적으로 내담자와 친밀한 관계 맺는 치료관계 형성이 중요하다. 치료목표는 정서적이거나 개입적인 치료가 아니라 사회적 고립에서 벗어나 사회적 상황에 효과적으로 적응하도록 돕는 과제 제시형 접근을 하는 것이 좋다. 사람들과의 의사소통과 사회적 관계를 맺을 수 있는 능력을 향상시킬 수 있도록 돕는다. 즉, 상황대처, 사회기술훈련, 자아존중감, 의사소통 등과 관련된 분야가 중심이 된다. 또한 부족한 대인관계 기술은 역할극을 통해 연습하는 행동치료도 도움이 될 수 있다. 분열성 성격장애의 증상이 심할 경우 때에 따라서 약물치료는 항정신병 약물, 항우울제, 정신자극제 등을 환자 증상에 따라서 사용해 볼 수 있다.

③ 분열형 성격장애(schizotypal personality disorder)

분열형 성격장애는 사회적으로 고립되어 있으며 기이한 생각이나 믿음, 신념, 마술적 사고(예: 텔레파시, 육감, 천리안 등)에 집착하며 그 영향을 받아 독특한 행동을 나타내어 사회적 부적응을 초래하는 성격장애를 말한다. 친밀한 대인관계에 대한 현저한 불안감으로 인간관계를 맺는 제한된 능력, 인지적 또는 왜곡, 기이한 행동으로 인해 사회생활 전반에서 현저한 손상을 나타낸다. 성인 초기에 시작되며, 일반 인구의 3%에서 발생한다고 보고되고 있으며 여성보다는 남성에게서 조금 더 발생한다고 한다. 특히 경미한 정신분열증상(조현병)을 동반하는 성격장애이다. 비교적 안정된 상태로 지속되는 경향이 있지만 정신분열증이나 다른 정신병적 장애로 발전되는 경우도 있다. 분열형 성격장애를 가진 사람들은 주요 우울장애를 경험했거나 진단을 받는 경우가 많다.

DSM-Ⅵ 진단 기준은 다음과 같다. 다음의 특성 중 5개 이상의 항목을 충족시켜야 한다.

(1) 관계망상과 유사한 사고를 한다. (분명한 관계망상은 제외)
(2) 행동에 영향을 미치는 괴이한 믿음이나 마술적 사고를 한다. (예: 미신, 천리

안에 대한 믿음, 텔레파시나 육감, 아동이나 청소년의 경우 기괴한 환상이나 집착)

(3) 신체적 착각을 포함한 유별난 지각 경험을 한다.

(4) 괴이한 사고와 언어를 사용한다. (예: 애매하고 우회적이며 은유적이고 지나치게 자세하게 묘사되거나 또는 상동증적인 사고와 언어)

(5) 의심이나 편집증적인 사고를 한다.

(6) 부적절하거나 메마른 정동을 표현한다.

(7) 괴이하고 엉뚱하거나 특이한 행동이나 외모를 하고 다닌다.

(8) 직계가족 외에는 가까운 친구나 마음을 털어놓을 수 있는 사람이 없다.

(9) 과도한 사회적 불안이 있다. (불안은 친밀해져도 줄어들지 않으며 자신에 대한 부정적인 판단보다는 편집증적 공포와 연관되어 있다.)

분열형 성격장애의 원인은 유전적 요인으로 보고 있다. 가족이나 직계에서 유병률이 높다. 이러한 유전적 소인과 관련된 정신분열 성향의 연속선상에서 대인관계로부터의 철수, 인지적, 지각적 왜곡 그리고 사고와 행동의 혼란으로 나타난다고 한다. 즉, 정신분열 성향의 심각도는 분열성 성격장애 → 분열형 성격장애 → 정신분열증의 형태로 나타난다는 주장이다. 또한 유아기의 불안전애착, 분열형 성격장애자들의 독특한 사고와 인지적 왜곡으로 보는 인지적 입장을 들 수 있다. 인지적 오류는 개인화(자신과 무관한 일을 자신과 연관 지어 생각함), 정서적 추론(정서적 느낌에 따라 상황의 의미를 판단함), 임의적 추론(무관한 사건들 간의 인과적 관계를 잘못 파악)이다.

분열형 성격장애의 치료는 경험적 연구가 매우 드문 상태이며 약물치료와 인지행동 치료가 도움이 된다고 한다. 인지행동치료는 Beck과 Freeman(1990)의 사회적 기술훈련의 4가지 주요한 전략을 들 수 있다. 첫째, 사회적 고립을 줄이는 건전한 치료적 관계를 수립한다. 둘째, 사회적 기술훈련과 적절한 언행의 모방 학습을 통해 사회적으로 적절한 행동을 증가시킨다. 셋째, 내담자의 두서없는 사고 양식에 의해 방해받지 않도록 치료 회기를 구조화하여 체계적으로 진행한다. 넷째, 내담자가 정서적 느낌보다는 객관적 증거에 근거하여 자신의 사고를 평가하도록 가르치는 것이다(권석만, 2014).

2) B군 성격장애

B군 성격장애는 정서적으로 매우 극적이며 불안정하고 변덕스러운 것이 특징을 나타내는 성격장애이다. 성격장애로는 반사회성 성격장애, 경계성 성격장애, 연극성 성격장애, 자기애성 성격장애가 있다.

① 반사회성 성격장애(antisocial personality disorder)

반사회성 성격장애자들은 사회의 관습, 도덕규범, 행동규칙, 타인의 권리와 안전을 무시하고 거짓말, 사기, 무책임한 행동을 한다. 타인에 대해서 공격적이고 폭력적인 행동, 범법행위 등의 반사회적 행동을 한다. 하지만 이들은 진실이나 양심의 죄책감이나 후회를 경험하지는 않는다. 자신의 죄를 인정하지 않고, 그 원인을 타인에게 돌린다. 이처럼 반사회성 성격장애자들은 사회구성원들의 권리를 존중하는 규범이나 법을 무시하고 자신의 쾌락과 이익을 위해 수단과 방법을 가리지 않는 성향을 나타내는 성격장애자이다(권석만, 2014). 유병률은 남자의 경우가 3%로, 여자의 경우가 1%로 보고되고 있다. 최근 사이코패스(psychopath정신병질자), 소시오패스(sociopath: 사회병질자)라는 용어가 일반인들 사이에 화자 되고 있지만 공식적인 진단명은 아니다. 사이코패스는 인격적 결함의 일종으로 반사회성 성격장애 중의 하나이다. 사이코패스는 반사회적 행동, 공감 능력과 죄책감 결여, 낮은 행동통제력, 극단적인 자기중심성, 기만 등과 같은 특성을 포함한다. 이들의 기질은 평소 내부에 잠재되어 있다가 범행을 통하여서만 밖으로 드러나기 때문에 주변 사람들이 쉽게 인지하지 못한다(신기현 외, 2012). 이들의 반사회적 행동은 돈을 목적으로 하는 행위가 아니라 주로 스릴(thrill), 충동적으로 보이나 행동 자체보다는 사고와 감정의 문제로 긍정적 정서와 부정적 정서 모두 결핍되어 있다. 일반적으로는 반사회적 성격장애자와 비슷한 의미이다.

미국정신의학회의 DSM-VI 진단 기준은 다음과 같다. 다른 사람의 권리를 무시하고 침해하는 행태가 전반적, 지속적으로 보이며, 이러한 특징은 15세 이후에 시작된다. 진단 당시 최소 만 18세 이상이어야 하며, 만 15세 이전에 미국정신의학회의 진단 기준에 따른 품행장애가 있었다는 증거가 있어야 한다. 그리고 반사회적 행동이 정신분열증(조현병)이나 조증삽화 중에 일어난 것이 아니어야 한다. 이러한 조건하에 다음 중 세 가지 이상의 항목을 충족시키면 반사회성 성격장애로 진단될 수 있다.

(1) 반복적인 범법행위로 체포되는 등, 법률적 사회규범을 따르지 않는다.
(2) 자신의 이익이나 쾌락을 위해 다른 사람을 속이고 사기성이 있다.
(3) 충동적이거나, 미리 계획을 세우지 않고 행동한다.
(4) 쉽게 흥분하고 공격적이어서 신체적 싸움이나 타인을 공격하는 일이 반복된다.
(5) 자신이나 타인의 안전을 무모하게 무시한다.
(6) 무책임하다. 직업을 꾸준히 유지하지 못하거나, 재정적 책임을 다하지 못한다.
(7) 사람에게 해를 입히거나 학대, 물건을 훔치는 것에 대해서 죄책감을 느끼지 못하거나 합리화하는 등 양심의 가책이 없다.

반사회성 성격장애의 원인으로는 첫 번째는 유전적인 요소가 많은 것으로 알려져 있다. 다만, 반사회적 인격 자체가 유전되는 것인지, 혹은 충동성, 공격성 등의 기질이 유전되는 것인지에 대해서는 명확하지 않다. 하지만 반사회적 성격장애 환자들은 선천적으로 충동성과 감각추구 성향이 높은 것으로 보인다. 두 번째는 생물학적 원인으로 뇌 활동의 이상으로 보고 있다. 뇌의 세로토닌(serotonin) 전달 기능에 문제가 있을 것으로 추정하고 있다. 뇌에서 감정반응과 관련된 변연계-전전두엽 회로 기능이 떨어져 있다는 연구결과도 있다. 인지기능 중 공간지각 및 기억능력에 이상이 있어 충동적으로 위험한 자극을 추구한다는 설명도 있다. 마지막으로 환경적인 영향으로 보고 있다. 환경적으로는 어린 시절부터 양육자의 거칠고, 지배적인 비일관적인 양육이나 신체적 학대, 착취, 폭력, 유기, 방임, 범죄자인 부모나 형제, 부모의 갈등 등을 지속적으로 경험한 경우가 많다.

반사회적 성격장애자들은 근본적인 치료가 어렵다고 본다. 그러므로 문제행동을 보이는 청소년은 어려서부터 조기개입과 부모교육을 통하여 반사회적 성격장애로 발전하지 않도록 하는 것이 중요하다. 반사회적 성격장애자들은 권위적인 인물에 대해서 저항하는 경향이 있다. 치료는 어렵지만 치료자는 중립적이고 수용적인 태도를 유지하며 관계를 형성하고(권석만, 2014). 비도덕적인 행동과 그와 관련된 정서(불안, 수치심)를 유발시켜 양호한 도덕구조를 형성할 수 있도록 돕는 것이 필요하다. 보통 반사회적 성격장애를 지니고 있는 사람들은 자신의 행동으로 인해 타인이 경험할 수 있는 고통을 인식하기 어렵다. 그러므로 비도덕적인 행동이 무엇이고 그를 통해서 유발되는 감정체험을 통하여 도덕성 발달과 공감능력을 발달시키는 것이 중요하다.

② 경계성 성격장애(borderline personality disorder)

경계성 성격장애의 가장 핵심적인 문제 중의 하나는 자기정체성의 혼란과 불안전성이다(조성호, 2010). 경계성 성격장애는 대인지각이 불안정하여 대인관계가 불안정하고, 유기에 대한 불안이 심하다. 또한 반복적인 자기파괴적 행동, 극단적인 정서변화로 정체성 혼란의 경험을 나타내는 성격장애이다. 즉 정서가 매우 불안정하고 충동적이어서 분노조절에 어려움을 겪는다. 성인 초기에 시작되어 다양한 상황에서 발생하며, 버림받음을 피하기 위한 처절한 노력과 불안정하고 강렬한 대인관계를 맺는다. 자기 자신이 어떠한 사람인지에 대한 분명한 개념, 만성적인 공허감, 심지어 자신에게 손상을 줄 수 있는 충동성을 보여 자해, 자살 등의 충동적인 행동을 한다. 경계성 성격장애는 전체 성격장애의 40% 이상을 차지한다. 남성보다는 여성에서 발병률이 높다. 경계성 성격장애는 누군가에게 돌봄과 관심, 지지를 받고 있다고 느낄 때는 외로움과 공허감 등의 우울 증상이 주로 나타난다. 그러나 이렇게 지속되던 관계를 잃어버릴 수 있는 위협이 발생하게 되면, 이제까지 따뜻하고 자비롭다고 여기던 이상화된 그 사람의 이미지가 잔인한 박해자의 이미지로 격하된다. 중요한 사람과의 분리(separation)가 가까워지면 버림받는다는 극심한 공포(abandon fear)가 발생하는데, 이를 줄이기 위하여 그 사람의 잘못과 잔인함에 대하여 격노에 찬 비난을 하거나 자기 파괴적인 행동을 보일 수 있다. 이 같은 행동들이 상대방으로 하여금 죄책감을 일으키거나 반대로 무서움에 찬 방어 반응을 불러일으키곤 한다. 즉 정서적 불안정이 심하여 충동적이고 자기 파괴적인 행동을 보이게 된다. 이는 주변의 스트레스에 반응하여 나타나는 경우가 많고 분노와 우울 상태의 극단을 오갈 수 있다. 이러한 시기 동안 해리 증상 및 관계사고, 약물 남용 혹은 성적 문란 등의 충동적 행동들이 흔히 일어날 수 있다(서울대학교병원 의학정보).

DSM-VI 진단 기준은 다음과 같다. 대인관계, 자기상 및 정서의 불안정성과 지속적으로 나타나는 심한 충동성이 성인 초기에 시작된다. 다음 9가지 증상 중 5가지 또는 그 이상 나타나는 경우 진단을 내릴 수 있다.

(1) 실제 혹은 가상적인 버림받기를 피하기 위한 필사적인 노력을 한다.
(2) 이상화와 평가절하라는 양극단 사이를 오가는 불안정하고 강렬한 대인관계 패턴을 나타낸다.
(3) 정체감의 혼란으로 감각이 현저하고 지속적으로 불안정하게 나타나는 자기상이나 자아감을 나타낸다.
(4) 자신에게 손상을 줄 가능성이 있는 충동성(예: 성관계, 폭식, 난폭한 운전, 약물 남용, 소비)이 최소한 두 가지 영역에서 나타난다.
(5) 반복적으로 되풀이되는 자살행동이나 자살위협, 자해행동을 한다.
(6) 현저한 기분 변화에 따른 정서적 불안정성(예: 보통 몇 시간 정도는 지속되며 수일을 넘기지 못하는 강한 불안감과 기분저조, 초조함)을 나타낸다.
(7) 만성적인 공허감을 가지고 있다.
(8) 부적절하고 강한 분노 혹은 화를 통제하기가 어렵다. (예: 자주 분노를 터트림, 항상 화를 냄, 잦은 몸싸움.)
(9) 스트레스와 관련하여 편집증적, 망상적 사고, 혹은 심각한 해리증상을 일시적으로 나타낸다.

경계성 성격장애의 원인으로는 아동기의 외상적 경험이 경계성 성격장애로 이어지는 경우가 많다고 한다. 성장 과정에서 부모를 비롯하여 중요한 타인들로부터 정서적인 철수를 포함하여 무시와 신체적 학대, 부모의 사별이나 이혼 같은 사랑하는 대상으로부터 버림받았다는 상실경험, 부모나 양육자로부터 정서적으로 돌봄이나 욕구를 제대로 받지 못하고 방임 속에 자란 경험 등의 외상적 사건이 경계성 성격장애와 밀접한 관련이 있다. 경계성 성격장애자의 72%가 언어적 학대, 46%가 신체적 학대, 26%가 성적학대, 76%가 부모의 양육 태만, 74%가 18세 이전에 부모의 상실이나 이별을 경험했다. 경계성 성격장애는 흔히 기분장애, 공황장애, 물질남용, 충동조절장애, 섭식장애 등과 함께 나타나며 특히 기분장애가 나타날 때 자살 가능성이 높은 것으로 알려져 있다(권석만, 2014). 또한 현대 사회의 급속도로 변화하는 산업화와 정보화 속에서 불확실성이 불안전성을 증폭시키기 때문이다.

경계성 성격장애의 치료는 일반적으로 개인 심리치료를 한다. 경계성 성격장애의 강렬하고 불안정한 대인관계 양상이 치료자와의 관계에서 나타날 수 있기 때문에 안정된 치료적 관계형성이 어려워 매우 힘든 치료 대상자이다. 경계성 성격장애자들은 치료자의 반응을 자주 오해하여 공격적으로 반응하거나 자살위협을 한다. 그러므로 치료자는 명료한 답변을 하고 일관되고 안정적으로 지지하는 태도를 보여야 한다. 내담자와 안정적인 치료관계를 형성하도록 노력해야 한다. 정신역동 치료에서는 내담자의 자아를 강화하고 충동에 대한 통제력을 향상시키며, 불안을 잘 극복할 수 있도록 도와야 한다. 또한 긍정적인 측면과 부정적인 측면이 분리된 것을 통합해 안정된 자기인식과 대인관계를 유지하도록 해야 한다. 그리고 내면을 강화해 자신이 사랑하거나 중요하게 여기는 사람과 건강하게 분리할 수 있도록 해야 한다. 인지행동 치료에서는 먼저 치료관계 형성에 초점을 맞추고 그 다음에 내담자의 인지적 오류인 흑백 논리적 사고와 자신과 세상에 대한 부정적인 믿음을 긍정적인 믿음으로 변화시킬 수 있도록 돕는다. 만약 경계성 성격장애를 가진 사람이 자기 파괴적 행동이나 자살시도를 한다면 입원치료를 통해 항우울제나 항불안제와 같은 약물치료를 동반하는 것이 필요하다.

③ 연극성 성격장애(histrionic personality disorder)

연극성 성격장애는 타인으로부터 관심과 주목, 애정을 받고자 과장된 언어와 행동 표현을 하며 외모에 지나치게 신경을 쓰며 극적인 감정표현을 하는 것이 주된 특징이다. 즉, 주변의 시선을 받으려고 감정의 표현이 연극을 하듯이 과장되고 감정의 기복이 심하고 깊이가 없는 성격상의 특징을 나타낸다. 사람들이 각별한 관심을 주지 않으면 그들이 자신을 싫어하는 것으로 생각하고 우울하거나 불안해하는 경향이 있다. 관심의 대상이 되는 다른 사람에 대해서는 시기와 질투, 경쟁심, 강한 분노를 느낀다(권석만, 2014). 연극성 성격장애는 무의식적인 방어기제로 인해 자신의 실제 감정과 행동의 동기를 깨닫지 못하는 경우가 많다. 일반 인구의 2~3% 정도가 히스테리성 성격장애라고 하며, 여성에게 더 흔하게 나타난다. 신체 증상의 호소, 알코올 남용 및 의존과 관련되어 있다고 보고되고 있다. 남성에게서는 반사회성 성격장애와 관련이 있다는 주장도 있다. 연극성 성격장애와 중복되는 주요 성격장애는 경계성 성격장애와 반사회성 성격장애이다.

DSM-Ⅵ 진단 기준은 다음과 같다. 다음 8가지 증상 중 5가지 이상에 해당하는 경우에 진단 가능하다고 정의하고 있다.

(1) 자신이 관심과 주목을 받지 못하는 상황을 불편하게 생각한다.
(2) 다른 사람과의 관계에서 부적절할 정도로 성적으로 유혹을 하거나 도발적이고, 자극적으로 행동한다.
(3) 감정의 표현이 자주 바뀌고 피상적이다.
(4) 자신에 대한 관심을 끌거나 계속해서 유지하기 위해서 외모를 활용한다.
(5) 연극적인 방식으로 말하고, 말하는 내용에 구체적인 사항이 결여되어 있다.
(6) 자신을 극적인 방식으로 표현하고, 연극적인 태도를 보이며, 감정을 과장해

분노심리와 성격 이해하고 다루기

서 표현한다.

(7) 다른 사람이나 환경에 쉽게 영향을 받아 피암시성이 높다.

(8) 대인관계를 실제보다 더 친밀한 것으로 생각한다.

연극성 성격장애의 원인은 전통적인 정신분석 이론에서는 오이디푸스(Oedipus) 갈등으로 기인한다고 본다. 양육초기(구강기)에 어머니의 보살핌을 충분히 받지 못했기 때문에 연극성 성격장애로 발전하게 된다고 설명하고 있다. 여성의 경우, 어머니로부터의 애정과 양육이 결핍되었을 때 아버지를 통해 보상받으려고 노력하게 된다. 그 과정에서 관심을 끌기 위해 애교스럽고, 유혹적이며, 자신의 감정을 과장되게 표현하는 행동이 강화된다는 것이다. 즉 어머니의 따뜻한 사랑과 보살핌을 원하는 것이다. 인지적 입장에서는 연극성 성격장애의 독특하고 신념과 사고에 있다고 본다. 자신에 대한 자기상이 부정적이다. 그래서 자신을 돌봐줄 안정적인 사람을 찾는다. 자신의 행복을 위해 다른 사람의 관심과 애정이 절대적이며 사랑과 관심도 독점하려고 한다. 다른 사람들로부터 거절의 위협을 느끼면 주체할 수 없는 불안감에 휩싸여 항상 다른 사람에게 좋은 인상을 남기고 칭찬과 인정을 받기 위해서는 수단과 방법을 가리지 않는다(한수영 역, 2009).

연극성 성격장애의 치료는 치료자와 변함없고 안정된 치료적 관계 형성에 주력해야 한다. 환자의 성격이나 행동 특성을 지적하거나 비난하는 것은 오히려 스스로에 대한 방어를 더 강하게 만들 수 있다. 환자가 느끼는 주관적인 고통에 공감을 표현해 주어야 한다. 하지만 치료자로부터 인정받으려는 욕구와 거부당하는 것에 대한 두려움 때문에 치료자를 의존하거나 지나치게 협조적인 태도를 취할 수 있다. 치료자를 조정하려 들거나 성적인 연인으로 대하려는 경향이 있으므로 이러한 점을 염두에 두어야 한다. 대부분의 심리치료는 대인관계 문제에 초점을 둔다(권석만, 2014). 연극성 성격장애자들은 자신의 진정한 느낌을 알지 못하고 피상적인 감상에만 매달리기 때문에 인지치료에서는 부정적인 인지, 사고, 신념을 현실적으로 인식하고 변화시키는 데 중점을 둔다. 정신역동 치료에서는 환자 자신의 진정한 내적인 느낌을 명료하게 알아가는 것이 중요하다. 내담자 자신이 감추고 싶은 감정을 어떻게 방어하고 있는지를 이해하고 자신이 회피한 생각과 감정들을 다시 경험하도록 도와야 한다. 증상에 따라 약물치료를 병행해야 한다. 알코올 관련 문제가 발생할 위험이 높다. 알코올 의존, 혹은 남용 등의 합병증이 동반될 수 있다. 음주는 가급적 삼가는 것이 좋다. 우울증이나 신체 증상을 호소하는 경우는 항우울제, 불안을 호소하는 경우는 항불안제 등의 약물치료가 보조적으로 사용될 수 있다.

④ 자기애성 성격장애(narcissistic personality disorder)

자기애성 성격장애는 지나치게 자기를 사랑한 나머지 자기도취에 빠진 사람들이다. 즉, 자신의 가치와 중요성을 과장되게 지각하며 실제 이상으로 대단한 사람이라고 과대평가를 한다. 자신의 명예, 권력, 지위, 성공을 위하여 대인관계에서의 착취하거나, 공감 능력이 떨어지고, 사기성 같은 행동양식을 보이기도 한다. 자신을 특권층이라 여기며 과도한 찬사, 특별대우, 상대방으로부터의 복종을 요구하는 오만하고 거만한 태도를 보인다. 주위 사람들로부터 존경과 관심을 끌려고 애쓴다. 이처럼 자기도취와 자기중심성이 성격특성으로 굳어져 부적응 상태가 지속되는 경우이다(권석만, 한정수, 2007). 연극, 예술, 운동, 학문연구 하는 전문인들에게 발생하는 경향이 있다. 자기애성 성격장애의 유병률은 1% 정도이고, 자기애성 성격장애로 진단받는 개인들의 50~75%는 남자이다.

자기애성 성격장애는 외현적 자기애와 내현적 자기애로 구분되기도 한다. 외현적 자기애는 제 3자가 객관적으로 관찰할 수 있을 정도로 자기애적 속성이 외현적으로 들어나는 경우로서 DSM-IV에 제시된 자기애성 성격장애의 진단 기준에 잘 부합한다. 외현적 자기애를 지닌 사람은 자신 만만한 행동을 하며, 외향적으로 타인의 반응에 개의치 않고 자기주장을 잘 한다. 반면 내현적 자기애에는 겉으로는 잘난 척하거나 거만한 자기애적 행동 특성을 잘 나타내지 않지만, 내면의 깊숙한 곳에 자기애적 성격특성을 지니고 있는 경우를 말한다. 내현적 자기애는 지닌 사람은 수줍고 내향적이며 타인의 반응에 민감하며 조심스러운 행동을 한다(권석만, 2014). 또한 신경성 식욕부진과 물질관련 장애를 동반할 수 있다고 한다. 연극성 성격장애, 경계선 성격장애, 반사회성 성격장애, 편집성 성격장애를 동반할 수 있다고 한다.

DSM-VI 자기애성 성격장애 진단 기준은 다음과 같다. 과대성(공상 또는 행동), 칭찬에 대한 욕구, 감정이입의 결여 등의 광범위한 양상이 성인기 초기에 시작되어 다양한 상황에서 나타나며, 다음 중 5개 이상의 항목을 충족시켜야 한다.

(1) 자신의 중요성에 대한 과대한 지각을 가지고 있다(예: 성취와 능력에 대해서 과장한다. 적절한 성취 없이 특별대우 받는 것을 기대한다).
(2) 끝이 없는 성공, 권력, 탁월함, 명석함, 아름다움, 이상적인 사랑과 같은 공상에 몰두하고 있다.
(3) 자신의 문제는 특별하고 독특해서 다른 특별한 높은 지위의 사람(또는 기관)만이 그것을 이해할 수 있고 또는 관련해서 어울려야 한다고 믿는다.
(4) 과도한 찬사와 숭배를 요구한다.
(5) 특별한 자격이 있는 것 같은 특권의식이 있다. 특별히 호의적인 대우 받기를 원하고, 자신의 기대에 대해 자동적으로 순응하기를 불합리하게 기대한다.

(6) 대인관계에서 착취적이다. 자신의 목적을 달성하기 위해서 타인을 이용한다.

(7) 감정이입이 결여되어 있다. 타인의 느낌이나 요구를 인식하거나 확인하려 하지 않는다.

(8) 다른 사람을 질투하거나 다른 사람이 자신을 질투하고 있다고 믿는다.

(9) 거만하고 건방진 행동이나 태도를 보인다.

자기애성 성격장애의 원인을 정신역동 이론에서는 어린 시절에 경험한 갈등이나 결핍이 현재의 행동에 영향을 미치는 무의식 과정에 초점을 두어 정신장애를 설명하고 있다. 프로이트(Freud)에 따르면 자기애란 심리적 에너지가 자신에게로 향해져 자신의 신체를 성적인 대상으로 취급하는 태도라고 할 수 있다. 이러한 자기애 성향은 어린 시절에 나타나는 정상적인 성장이며, 성장하면서 다양한 형태로 변하는데 이러한 과정 속에서 성숙한 형태로 발전하지 못하면 병적인 자기애가 나타난다고 한다(권석만, 한정수, 2007). 코헛(Kohut 1968)은 정신역동 관점에서 자기심리학을 주장한 학자로서 코헛에 따르면 신생아는 부모의 전폭적인 애정과 보살핌을 받는 정상적인 발달과정에서 웅대한 자기상을 형성하며 유아기적 자기애를 나타내게 되지만 성장 과정에서 필연적으로 좌절과 상처를 경험하게 된다. 부모로부터 통제와 질책을 받게 되고 자신의 한계에 직면하게 되는 좌절의 경험 속에서 세상은 자기중심으로 돌아가지 않는다는 것을 깨닫게 되면서 성숙한 자기애를 갖게 된다는 것이다. 하지만 반대로 부모의 과잉보호와 좌절의 경험을 하지 못하게 되면 강한 심리적 충격에 적응하지 못하고 부정적인 영향을 받게 되고 현실을 부정하고 웅대한 자기상에 더 집착하게 되어 주변 사람들로부터 인정과 칭찬을 추구하는 자기애성 성격장애로 발전될 수 있다는 것이다(권석만, 2014). 인지적 입장에서는 자기애성 성격장애를 부적응적 행동을 유발하는 독특한 사고와 신념에 초점을 두었다. Beck과 Freeman(1990)에 따르면 자기애성 성격장애는 자신이 우월하고 특별하기 때문에 특권을 누릴 자격이 있고 존경받아야 한다는 신념을 지니고 있다고 말했다. 이러한 신념은 어린 시절 부모, 형제, 중요한 타인의 영향을 받고 발전한 것으로 본다.

자기애성 성격장애의 치료는 환자 스스로 자기애(narcissism)를 포기하도록 하는 것이다. 본인이 스스로 심리적인 문제를 가지고 있고 도움이 필요하다는 것을 인정해야 한다. 하지만 자기애는 자존감과 관련되어 있기 때문에 수용하기 어려운 경우가 많다. 자기애성 성격장애 치료의 방법으로는 일반적으로 정신역동 치료와 인지행동치료를 통한 개인 심리치료를 한다. 정신역동 치료에서 코헛(Kohut 1968)은 전이 현상을 중요하게 생각했다. 전이 현상은 내담자가 과거의 중요한 인물에게 느꼈던 감정을 현재 상담자에게 느끼는 것으로 상담자는 전이를 분석하여 내담자의 무의식적 갈등의 의미를 통찰하도록 돕는 것이다. 내담자를 충분히 공감하고 이해해 주는 것이 중요하다. 인지행동치료에서 기본적으로 인지의 활동이 정서와 행동을 결정한다고 보고 있다. 즉 개인이 어떠한 사고와 신념을 가지고 있느냐에 따라 그 사람의 정서와 행동의 패턴이 달라진다는 것이다(권석만, 한수정, 2007). Beck과 Freeman(1990)은 자기애성 성격장애자들이 가지고 있는 부적응적인 신념의 체계와 행동을 교정하는 데 초점을 두고 있다. 자신에 대한 웅대한 자기상과 비현실적인 신념을 유연하고 현실적인 자기신념으로 대처하도록 유도하는 것이다. 즉 자기애성 성격장애들의 인지도식 안에 있는 현실적이지 못하고, 객관적이지 않은 핵심신념을 현실적이고 객관적인 자기상과 신념으로 이해하고 수용하도록 하는 것이다. 자기 이해와 수용을 통해 감정반응을 조정하고, 더 나아가 타인에 대한 공감능력을 향상시킬 수 있도록 효과적인 학습과 훈련이 필요하다.

3) C군 성격장애

C군 성격장애는 불안 수준이 높고 두려움이 많은 것이 특징으로 나타나는 성격장애이다. 성격장애로는 회피성 성격장애, 강박성 성격장애, 의존성 성격장애가 있다.

① 회피성 성격장애(avoidant personality disorder)

회피성 성격장애의 필수 증상은 사회적 위축, 부적절함, 자신에 대한 부정적인 평가이다. 회피성 성격장애는 성인기 초기에 시작되며 여러 가지 상황에서 광범위하게 나타난다(이근후 외, 1995). 즉, 자신에 대한 부정적 평판에 대한 두려움이 매우 심하며 상대방의 평가에 아주 예민하게 반응한다. 사회적 상황에서 부적절감이 심해서 대인관계를 회피하며, 어쩔 수 없이 임하더라도 자신의 감정을 억제하고 잘 드러내지 않는다. 겉으로 보기에는 단순히 내성적이거나 조용한 것처럼 보인다. 하지만 실체로 이들의 내면에는 끊임없이 자신을 괴롭히는 의심과 불안으로 가득하다. 회피성 성격장애는 분열성 성격장애와 비슷해 보이나 다른 사람과 상호작용하는 것 자체를 싫어하는 분열성과는 달리 자신이 거절당할지 모른다는 두려움 때문이다. 회피성은 감성이 풍부하지만 분열성은 감정을 잘 느끼지 못하는 성향을 나타낸다(한수영, 2009). 그래서 회피형 성격장애자들은 자신을 거절하지 않을 것이라는 확신이 드는 사람만을 대상으로 인간관계를 맺으려 하고, 자신을 거부하거나, 상실에 대한 두려움과 고통이 커서 오히려 혼자 지내려고 한다. 내적으로는 친밀한 관계를 원하는 특징이 있다. 하지만 내면적으로는 애정에 대한 강렬한 소망을 지니는 동시에 거절에 대한 두려움을 지니기 때문에 심리적인 긴장상태 속에서 불안, 슬픔, 좌절감, 분노 등의 부정적인 감정을 만성적으로 지니는 경향이 있다(권석만, 2014). 평생 유병률은 0.5~1% 정도이며 여성에서 잘 나타나며, 사회

공포증을 동반하기도 한다.

　DSM-VI 회피성 성격장애 진단 기준은 다음과 같다. 사회활동의 제한, 부적절감, 그리고 부정적 평가에 대한 예민함이 광범위한 양상으로 나타난다. 성인기 초기에 시작되며, 여러 상황에서 나타나고 다음 중 4가지, 또는 그 이상의 항목을 충족시켜야 한다.

(1) 비판이나 거절, 인정받지 못함 등 때문에 의미 있는 대인관계가 요구되는 직업적 활동을 회피한다.

(2) 자신을 좋아한다는 확신 없이는 사람들과 관계하는 것을 피한다.

(3) 창피와 조롱(수치심)에 대한 두려움 때문에 친근한 대인관계로 제한한다.

(4) 사회적 상황에서 비판의 대상이 되거나 거절당하는 것에 대해 집착한다.

(5) 부적절감으로 인해 새로운 대인관계를 맺는 것이 힘들다.

(6) 자신을 사회적으로 부적절하고, 개인적으로 매력이 없는 열등한 사람으로 본다.

(7) 당황하는 인상을 줄까 봐 두려움 때문에 위험을 감수하고 새로운 일에 관여하지 않는다.

　회피성 성격장애의 원인은 내향적이고 위험에 대한 과도한 생리적 민감성의 성격성향이 강조된 형태이다. 반사회적 성격장애가 행동억제 기능이 결여되어 있다면, 회피성 성격장애는 행동억제 기능이 과도하게 작용하는 것이다. 이런 기질적 특성과 함께 어릴 적부터 경험한 수치심, 모욕감, 당황감, 가치 없는 느낌 같은 환경적 경험이 상호작용하는 것으로 보인다. 정신역동 관점에서는 회피성 성격장애자의 주된 감정은 수치심이라고 말한다. 수치심은 스스로를 부끄럽게 느끼는 마음이며 자아와 자존심의 연장에 있는 개념으로 자신에 대한 부정적인 자아상과 관련이 있다. 자신이 수치가 되는 행동을 할 경우 대인관계, 사회활동, 행동의 위축 등 문제를 낳게 된다. 에릭슨(Erickson)은 문화적 환경이나 인생을 살아가는 동안 다양한 경험 즉 개인이 일생 동안 경험하는 주요 과제나 위기가 성격발달에 중요한 영향을 미친다고 보았다. 에릭슨의 성격발달단계의 두 번째 단계인 16개월~만 3세는 자율성 대 수치감이다. 이 시기에 아이는 최초로 대소변 가리기와 같은 자기통제를 배우게 된다. 이 시기 대부분의 아이들은 자기통제 행동을 배우고 실천하는데 종종 실패하며 부모의 간섭과 규제를 받게 된다. 이런 성공과 실패, 규제와 자율의 위기를 극복함으로써 아동은 자기통제에 대한 기본적인 자신감을 갖게 되어 자율성이 형성된다. 그러나 부모의 과도한 규제를 받거나, 자기통제에 자주 실패하게 될 때 아동은 자신에 대한 회의와 수치감에 빠지게 된다고 말한다(김용은, 2014). 즉, 자아가 주위환경과 어떠한 상호작용을 하며 경험하는지를 중요하게 생각했다. Beck과 Freeman(1990)은 인지적 입장에서 회피성 성격장애가 아동기의 경험에서 유래하는 자신에 대한 부정적인 신념과 관련이 있다고 생각했다. 즉, 자신이 부적절하고 무가치한 사람이며 사람들과의 관계에서 거부당하고 비난당할 것이라는 부정적인 신념과 인지적 왜곡을 하고 있다고 했다.

회피성 성격장애의 치료는 개인 심리치료가 주된 치료로 알려져 있다. 정신역동치료에서는 수치심을 근원을 찾고 성장 과정 속에서의 외상적 경험을 탐색하고 치료하는 것이다. 이 경우 내담자가 거절에 대해서 매우 예민하기 때문에 치료자는 내담자를 지지하고, 수용하는 좋은 치료적 관계를 효과적으로 형성하려는 노력이 필요하다. 내담자의 저항으로 치료가 조기에 중단되지 않도록 주의해야 한다. 인지적 행동치료에서는 회피성 성격장애가 자신의 불안과 두려움을 스스로 조절하고 회피행동을 극복할 수 있는 구체적인 방법을 제시해야 한다. 자기주장훈련, 긴장이완훈련, 일반적인 대인관계훈련, 사회기술훈련이 도움이 된다. 그리고 집단

치료를 통해서 자신의 거부에 대한 과민성이 다른 사람들에게 미치는 영향을 이해할 수 있도록 돕는 것도 좋다. 이는 거절에 대한 지나친 예민함을 감소시킬 수 있다. 또한 역기능적 신념과 인지적 왜곡, 부정적 자아상, 타인의 시선에 지나친 민감성을 자각시키고 교정하는 것도 중요하다. 우울증이나 불안장애가 동반되는 경우, 약물치료를 병행하기도 한다.

② 강박성 성격장애(obsessive-compulsive personality disorder)

강박성 성격장애자들은 사소한 세부사항이나 규칙에 집착하고 독단적인 성향을 가지고 있으며, 질서정연, 정리정돈, 완벽주의자들이다. 자기 통제에 지나치게 집착하고, 고지식하여 융통성이 부족하다. 자신의 방식을 고수하는 등의 완고함과 꼼꼼하여 사소한 것에 집착하는 성향을 나타낸다. 지나친 완벽주의적 성향과 세부적인 사항에 대한 집착이 오히려 이들의 삶을 비효율적이고 생산성을 떨어뜨린다. 감정적인 부분에서도 자신의 감정을 억제하는 경향이 있어 부정적인 감정이 억압되어 적개심과 분노를 가지고 있을 수 있다. 하지만 사회적으로 용납될 수 없는 부정적인 감정을 숨기기 위해 이와 정 반대 방향으로 칭찬과 인정받을 만한 행동에 집착하는 반동형성의 방어기제를 사용하기도 한다. 강박성 성격장애의 평생 유병률은 명확하지 않으나, 전체 인구의 약 1%로 정도이고, 정신건강진료소를 방문한 외래환자 중 3~10%로 보고 있다. 여성보다는 남성에게서 좀 더 많이 나타나는 것으로 보고되고 있다. 많은 수의 환자들이 가정에서 엄격한 교육을 받았거나, 가족, 친족 중에서 강박성 성격장애를 가지고 있는 경우가 많았다.

강박성 성격장애는 DSM-Ⅵ을 기준으로 다음의 8가지 항목 중에서 4가지 혹은 그 이상이 일상생활과 대인관계에서 지속적으로 나타난다면 강박성 성격장애로 진단될 수 있다.

(1) 무슨 일이든지 외형적인 규칙, 목록 혹은 업무 간의 순서, 시간이나 계획에 집착하여 중요한 부분을 놓치게 된다.

(2) 일에 대한 기준이 높고 완벽성을 고집하다가 일을 끝까지 마치지 못한다.

(3) 일과 생산성에 몰두하여, 경제적 필요에 의한 것이 아님에도 불구하고 일이나 생산 활동에만 집착한다. (여가 활동과 우정을 희생한다.)

(4) 도덕, 윤리, 가치관에 대해서 지나치게 양심적이거나 융통성이 결여되어 있다.

(5) 별다른 소장가치가 없는데도 불구하고 오래되고 가치 없는 물건에 집착한다.

(6) 자신의 일하는 방식을 고수하고, 다른 사람에게 일을 넘기거나 같이 일을 하지 않는다.

(7) 자신과 타인 모두에게 인색하다. 돈은 미래의 재난에 대비해서 저축해야 한다.

(8) 삶이 전반적으로 경직되어 있고 완고하다.

강박성 성격장애의 원인으로는 성장환경이 중요한 역할을 한다. 부모의 과도한 통제이다. 자녀들을 과도하게 통제하는 부모들의 마음속에는 자녀들을 보호하려는 마음은 있지만 아이들을 자신의 뜻대로 잘 정렬해 놓고는 자신이나 다른 사람들에게 문제를 일으키지 않도록 하는 데 더 관심이 있다. 즉 아이들의 욕구와 기대보다는 부모들의 욕구와 기대를 반영하는 것이다(민병배, 이한주, 2007). 정신분석입장에서는 강박성 성격장애를 오이디푸스(Oedipus) 시기의 거세 불안으로 항문기의 안정된 상태로 퇴행한 것으로 보았다. 이러한 항문기적 성격의 특성으로 규칙성, 완고성, 인색함, 정서적 억제, 자기회의 강한 도덕의식을 들 수 있다(권석만, 2014). 인지적 입장에서는 독특한 신념체계가 강박성 성격장애를 갖도록 한다고 본다. 흑백논리의 사고, 자신과 주변 환경을 통제해야 한다는 생각, 원리, 원칙은 반드시 지켜야 한다는 생각 등이다. 이러한 생각이 오히려 삶의 경직성, 완벽주의, 비합리성, 완고함, 감정의 억제, 규칙성 등으로 자신은 물론 대인관계에서 어려움을 겪게 된다.

강박성 성격장애의 치료를 정신역동에서는 지나치게 높고 엄격한 초자아를 수
정하는 것이다. 어린 시절 부모나, 양육자로부터 엄격한 통제하에서 부정된 자신
의 감정들을 건강하게 표출하고 통합하도록 돕는 것이다. 인지행동의 치료는 내담
자가 가지고 있는 부정적인 인지도식과 신념을 탐색하고 내담자가 자신의 부정적
인 인지도식과 신념을 스스로 이해하고 받아들여 변화할 수 있도록 하는 것이다.

③ 의존성 성격장애(dependent personality disorder)

의존성 성격장애는 성취동기의 결핍이 주요 원인으로 보고 있다. 주변 사람들로
부터 보호받고자 하는 욕구가 지나쳐 자신의 의존욕구를 만족시키기 위해 주변 사
람들에게 끊임없이 매달리는 행동을 특징적으로 나타내는 성격장애이다. 즉 스스
로 독립적인 생활을 하지 못하고 수동적이다. 또한 의존욕구가 거절될까 봐 무서
워 다른 사람이 무리한 요구를 해도 순종적이며, 주변 사람들과 헤어지는 것을 두
려워하는 분리불안이나 불안정한 대인관계를 한다. 의존성 성격장애를 가진 사람
들은 낮은 자존감을 가진 경우가 많다. 이로 인해 자신을 자책하거나 폄하하는 경
향이 있다. 스스로 나약한 존재로 인식하고 있다. 유병률은 성격장애 중에 가장 빈
도가 높다. 일반 인구의 2%에서부터 48%라는 보고도 있다.

DSM-VI 진단 기준에 따르면 다음과 같다. 증상이 성인기 초기에 시작되었고 나
열한 증상 중 5개 이상이 충족될 때 진단을 내릴 수 있다.

(1) 사람들로부터 받은 조언이나 확신이 없이는 스스로 결정을 내리지 못한다.
(2) 자신의 인생에 중요한 영역까지도 책임져 줄 사람이 필요하다.

(3) 사람들의 지지나 동의를 잃는 것이 두려워 반대 의사를 표현하지 못한다. (주의: 현실적인 보복의 두려움은 포함되지 않는다.)

(4) 자신의 일을 스스로 시작하는 데 어려움이 있다. (동기나 활력이 부족해서라기보다는 판단과 능력에 대한 자신감이 부족하기 때문이다.)

(5) 다른 사람의 지지를 얻기 위해 무슨 행동이든 다 할 수 있다. 심지어 불쾌한 일도 보호만 얻어 낼 수 있다면 자원해서 한다.

(6) 스스로 자신을 돌볼 수 없을 것 같은 두려움 때문에 혼자 있으면 불편하고 무기력해진다.

(7) 자신을 돌봐주고 지지해주던 사람과 헤어지게 되면 그러한 지지와 돌봄을 받기 위해 급히 다른 사람을 만나야 한다.

(8) 스스로 돌봐야 하는 상황에 버려지는 것에 대한 두려움에 비현실적으로 빠지게 된다.

의존성 성격장애의 원인은 부모의 과잉보호와 불안정한 애착관계가 의존성 성격장애의 중요한 요인이 될 수 있다. 선천적으로 특정한 신체적 조건을 타고난 사람 즉, 선천적으로 허약하고 병치레가 잦은 아이들은 부모나 양육자로 하여금 보호반응을 유발하여 의존적 성향이 강화될 수 있다. 이러한 경험은 성장해서도 다른 사람들에게 과도한 보호와 동정을 기대하게 된다. 불안정한 애착관계도 아이들이 부모에게 하는 것처럼 자식에게 지나치게 매달리는 부모로부터 성장하면서 개별화를 이루어야 할 시기에 여전히 아이와 같은 대우를 받을 경우 형성된다고 보고 있다. 정신분석학자인 Abraham(1972)은 의존성 성격장애는 구강기에 고착된 결과로 보았다. 구강기 성격은 의존성, 혼자됨의 불안, 비관주의, 수동성, 인내심 부족, 언어적 공격성의 특징을 나타낸다고 한다. 인지적 입장에서는 의존성 성격장애가 독특한 신념체계와 관련이 있다고 보았다. 자신에 대해 나는 무력한 사람,

부적절한 사람이라는 기본적인 신념을 가지고 있다고 한다.

　의존성 성격장애의 가장 일반적인 치료는 개인 심리치료이다. 내담자는 심리치료에서 자신의 의존성을 보인다. 그러므로 치료자는 내담자와 의존적인 관계를 조심성 있게 다루며 치료의 중반 이후에는 내담자가 점차로 치료자의 도움을 필요하지 않는 독립적인 사람이 되도록 도와야 한다. 즉, 치료자는 의존성 성격장애의 특성을 잘 인식하고 바람직한 치료관계를 맺어가는 것이 필요하다. 정신역동 치료의 목표는 내담자의 의존적 소망을 좌절시키고 내담자가 독립적으로 생각하고 행동할 수 있도록 돕는 것이다. 내담자가 상실과 독립에 대한 불안을 직면할 수 있도록 해야 한다. 그러나 내담자의 의존적 소망을 좌절시킴으로써 유발되는 내담자의 분노와 공격을 적절하게 잘 다룰 수 있어야 한다. 인지행동치료에서는 의존성 성격장애에 대한 치료목표를 독립에 두기보다는 자율에 둔다. 자율은 타인으로부터 독립적으로 행동하는 동시에 타인과 친밀하고 밀접한 인간관계를 유지할 수 있음을 의미한다. 이를 위해서는 중요한 타인으로부터 좀 더 독립적일 수 있도록 자기신뢰와 자기효능감을 증진시키는 것이 중요하다. 일상생활 속에서는 스스로 해결할 수 있는 문제해결기술이나 의사결정기술을 습득시키고, 자신의 생각을 적절하게 표현하는 자기주장 훈련이나 의사소통훈련을 하는 것도 좋다(권석만, 2014). 지금까지 미국정신의학회의 DSM-VI에서 분류하고 있는 성격장애를 10가지의 성격장애를 살펴보았다. 하지만 그 외에 의학적 상태(예: 전두엽 병변)의 직접적인 생리적 효과로 여겨지는 지속적인 성격의 부적응 상태를 나타내는 기타 성격장애가 있다. 성격장애의 일반적인 진단 기준을 충족시키며 몇 가지 상이한 성격장애에서 나타나는 특성을 보이지만 어떤 특정 성격장애의 진단 기준을 충족시키지는 않는 기타 특정 성격장애가 있다. 성격장애의 일반적인 진단 기준을 몇 가지를 충족시키지만 DSM-VI의 성격장애 분류에 포함되지는 않은 기타 특정 성격장애는 우울성 성격장애, 수동공격성 성격장애가 있다.

성격장애에 대한 진단은 개인의 인종적, 문화적, 그리고 사회적 배경을 고려해야 한다. 성격장애는 이민 후 뒤따르는 문화적응과 관련되는 문제나 개인의 원래 문화에서 수용되는 습관, 관습, 종교적, 정치적 가치관의 표현과 관련되는 문제를 성격장애와 혼돈해서는 안 된다. 반사회성 성격장애는 남자에게서 더 자주 진단되며, 경계성, 연극성, 그리고 의존성 성격장애는 여자에서 더 자주 진단된다. 그렇다고 임상가는 전형적인 성역할과 행동에 대한 사회적 고정관념 때문에 여자와 남자에게 어떤 성격장애를 과잉 진단하거나 적게 진단하지 않도록 주의해야 한다(이근후 외 역, 1995). 성격장애의 양상은 대개 청소년기나 성인초기에 나타난다. 성격이란 시간이 흘러도 별로 변하지 않고 지속되는 사고방식과 행동양식을 의미하는데 성격장애는 유형에 따라 시간의 흐름과 함께 변화되는 양상이 다르다. 어떤 성격장애(예: 반사회성 성격장애, 경계성 성격장애)는 나이가 들어가면서 부적응성이 덜 드러나거나 호전이 되는 경향이 있는 반면에 다른 성격장애(강박성 성격장애, 분열형 성격장애)는 나이에 따라 거의 변화가 없다(권석만, 2014). 그러므로 부모들은 자신은 물론 자녀들이 건강한 성격형성을 할 수 있도록 하는 것은 앞으로 삶을 살아가는 데 있어 아주 중요한 과제이며, 책임이다.

4) 건강한 성격형성

건강한 성격형성의 출발은 지금까지 살펴보았듯이 부모와의 건강한 애착관계부터가 시작이다. 그리고 적절한 교육과 환경이 자녀를 건강한 성격의 소유자로 성장시킬 수 있다. 건강한 성격형성을 위한 조건을 크게 네 가지로 요약해서 살펴보면 다음과 같다.

분노심리와 성격 이해하고 다루기

첫 번째는 좋은 습관을 길러주는 것이다. 좋은 습관의 시작은 부모 자신들이 모범이 되어야 한다. 자녀들의 거울은 부모이다. 일관성 있는 교육과 적절한 규제와 통제를 통해 규칙적이고 안정적인 행동이 습관화할 수 있도록 해야 한다. 부모의 과도한 통제나 원리원칙을 강조하게 되면 강박적인 성향이 강해진다. 부모의 과도한 애정과 보살핌을 받고 성장할 경우 자기애 성향이 강해질 수 있다. 그리고 가정폭력과 학대, 착취, 유기, 방임, 거부 등의 정서적, 육체적 학대는 사람들은 물론 사회에 대한 반감을 가지게 하는 반사회성, 경계성, 분열성 성격의 성향을 형성할 수 있다.

두 번째는 긍정적인 자아개념을 갖도록 하는 것이 중요하다. 자신에 대한 긍정적인 평가는 정서와 행동에 안정감을 주어 자신감을 가지고 자신의 역할을 할 수 있는 에너지가 된다. 부정적인 자아개념은 동기결여, 자신감 부족, 의심과 불안 등의 정서와 행동에 영향을 주고 의존적, 회피적, 편집적 성향이 형성될 수 있다.

세 번째는 욕구를 적절히 충족시켜주는 것이 중요하다. 욕구가 적절히 수용되지 않게 되면 그에 따른 불만과 집착, 불안, 갈등, 스트레스를 증가시켜 공격적 행동, 회피행동, 퇴행행동 등의 정서와 행동에 부적응 상태를 나타낼 수 있다. 사회적 상황에서 부적절감이 심해서 대인관계를 회피, 의존하거나 자신의 욕구를 충족시키기 위해서 공격적 성향이 강하게 나타날 수 있다.

네 번째는 자신은 물론 세상에 대한 기본적인 신뢰감을 갖도록 하는 것이 중요하다. 의존성 성격장애의 경우 낮은 자존감을 가진 경우가 많다. 자신을 자책하거나 낮게 평가하는 경향이 있다. 사람들과 헤어지는 것을 두려워하는 분리불안이나 불안정한 대인관계를 형성한다. 회피성 성격장애도 스스로를 나약한 존재로 인식하고, 자신에 대한 부정적 평판에 대한 두려움이 심하고 예민하게 반응을 한다. 자신을 거절하지 않을 것이라는 확신이 있는 사람만을 대상으로 인간관계를 맺으려 한다. 그러므로 무엇보다 자신에 대한 기본적인 신뢰감을 갖도록 하는 것이 중요하다. 그래야만 대인관계에서도 자신의 신뢰를 바탕으로 건강한 대인관계를 맺을 수 있다.

분노심리와 성격 이해하고 다루기

제 3부

분노

최근 들어 우리 사회는 분노로 인한 크고 작은 사건 보도가 연일 보도되고 있다. 가장 이슈가 된 사건은 K항공 부사장의 땅콩회향사건이다. 기내에서 땅콩서비스를 규칙에 따라 하지 않았다는 이유로 자신의 감정을 조절하지 못하고 인간 존엄의 가치를 무시한 행동, 공공의 비행기를 자신의 자가용처럼 항로를 변경하고 안전을 책임지는 사무장을 비행기에서 내리게 한 월권행위는 법적인 처벌을 받을 수밖에 없다. 뿐만 아니라 자신의 무책임만 행동으로 인해 기업의 이미지를 손상시킨 행동은 대기업의 부사장으로서 자질을 의심하게 한다. 인천의 한 어린이집에서는 교사가 자신의 분노감정을 조절하지 못하고 4살 여아를 무자비하게 폭행한 이른바 '어린이집 폭행녀' 사건은 우리 사회를 또 한 번 놀라게 했다. 어린이집교사도 순간의 감정을 조절하지 못함으로서 영유아보육법 제45조 4호 및 시행규칙 38조에 따라 아동폭행 혐의로 처벌을 받게 되고 해당 어린이집도 시설폐쇄가 되었다. 데이트 폭력도 큰 사회문제가 되고 있다. 결별을 요구하는 여자 친구를 차로 들이받아 중상을 입힌 남자가 살인미수 혐의로 경찰의 조사를 받고 있으며, 50대 여성이 분노를 참지 못해 자신의 몸에 시너를 뿌리고 분신하면서 남의 가게에 불을 낸 '양주 화재 사건'이나, 홧김에 시장에 불을 낸 '국제시장 방화사건' 같은 사건들이 일어나고 있다. 분노의 표출은 가정에서 더 많이 발생한다. 부부싸움 후 아내에 대한 분노를 참지 못한 남편이 밤에 잠을 자는 부인과 아들을 향해 뜨거운 물을 부어 버린 사건이 일어났다. 이뿐만 아니라 사소한 말다툼으로 인한 폭행, 방화, 심지어 가장 사랑하고 보호해야 할 자신과 가족을 죽이는 일이 점점 늘어 가고 있다.

자살은 또 다른 형태의 '욱 하는 성격' 즉, 분노의 표출이다. 자살은 상대방에 대한 분노나 삶에 대한 좌절감, 사회에 대한 반감, 가족 간의 갈등 등을 극단적으로 자신에게 표출하는 방식이라고 볼 수 있다. 통계청 국가통계포털(KOSIS)의 발표에 의하면 '2023년 사망원인통계 결과' 우리나라 자살 사망자 수는 1만 3978명으

분노심리와 성격 이해하고 다루기

로 전년 대비 1072명(8.3%) 증가했다. 1일 평균 자살 사망자 수는 38.3명이다. 인구 10만 명당 자살 사망자 수인 자살 사망률은 27.3명이다. 전년 대비 2.2명 증가했다. 자살률이 다시 올라간 것은 2021년(1.2%) 이후 2년 만이다. 경제협력개발기구 (OECD) 기준 연령표준화 자살률은 우리나라가 24.8명으로 전 세계 중 가장 높았다. 자살은 10대부터 30대까지 사망원인 순위 1위를 기록했다. 40대, 50대에서는 2위, 60대에서는 4위를 기록했다. 2013년 보건복지부의 자살조사 통계에서 '대부분의 자살시도가 충동적인 행동이라고 생각하는가?'라는 질문에 동의 46.1%로, 매우 동의 24.4%로, 70.5%가 '그렇다'고 대답을 했다. 같은 조사에서 '자살시도는 기본적으로 도움을 요청하는 신호라고 보는가?'라는 질문에는 동의 59.3%로, 매우동의 12.8%로 72.1%가 '그렇다'고 말했다. 조사에서 보듯이 자살은 대부분 충동적으로 이루어지며, 한편으로는 자신이 직면하고 있는 경제적, 정신적, 사회환경에 대한 어려움의 호소이며, 도움의 요청이다. 자살충동을 처음 느끼는 연령대도 대폭 낮아지고 있다. 한국보건사회연구원의 2013년 조사에 따르면 자살충동 경험자 중 처음으로 자살을 생각한 시기는 19세 이하 때라고 답한 비율이 76.4%로 가장 많았다. 10대 이하 비율은 2011년 19.8%, 2012년 58.4%에서 2013년에는 80%까지 크게 늘어 우리나라는 점점 어린 나이에 자살을 생각하게 되는 사회가 되고 있다.

우울증이나 조울증 등으로 진단받은 환자도 2년 만에 48% 증가했고, 스트레스로 병원을 찾은 사람도 4년 동안 2배 이상 늘었다(국민건강보험공단, 2008). 이홍식 세브란스병원 정신과 교수는 '지금 한국인의 정신 상태는 언제 터질지 모르는 화약고'이며, 우리나라는 '정신건강 후진국이다'고 말한다. 실적 위주의 끊임없는 경쟁에 경제위기까지 겹치면서 우리 사회는 전쟁터가 되었고 여기에 연일 쏟아지는 사건 사고 보도는 자신이 살아가는 사회를 의심하고 분노하게 만든다는 것이다. 이런 사회적 압박감과 개인적 스트레스가 복합적으로 작용하면 멀쩡했던 사람의 정신건강도 나빠질 수밖에 없다고 말했다. 이 같은 상황이 수면 위의 거센 파도라면, 우리 사회의 뚜렷한 상하관계와 권위적인 문화는 기저에 흐르는 압박 요인이다. 삼성사회정신건강연구소가 2007년 성인 남녀 199명의 자아정체감을 분석한 결과, 74.4%가 '정체성 폐쇄군'으로 나타났다. 정체성 폐쇄군은 자존심이나 체면이 손상됐다고 느끼면 타인을 비난하거나 분노를 과격하게 표출하는 공격적인 모습을 보일 수 있다. 한국인은 개인의 희생을 바탕으로 집단적 목표 성취를 강조해 온 우리 사회의 특성 때문에 자아정체감을 성숙시키지 못했고 이 때문에 우리나라는 정서적으로는 '미성년자의 사회'라고 말했다(조선일보 김맑아, 2010).

현대사회로 들어서면서 '충돌조절장애'를 앓는 사람이 늘어나고 있다. 열 명 중 네 명이 홧김에 범죄를 저지른다는 통계도 있다. 분노를 참지 못해 방화하거나 타인은 물론 가족을 폭행하고 심지어 살인을 저지른다. 건강보험심사평가원은 충돌조절장애로 병원을 찾는 환자가 최근 5년간 30% 이상 늘었다고 했다. 2009년 3천 720명이던 충돌조절장애 환자 수가 2013년에는 4천 934명으로 32.6% 증가했다. 전문가들은 그 원인을 경쟁 일변도의 사회 분위기와 자기중심적 성장환경 때문으로 본다. 압박감이 높은 사회적 환경은 삶에 대한 긴장감이 크다. 해소되지 않은 불만이나 좌절감은 불안과 분노를 키우고 이것이 우발적이고 폭력적인 범죄로 표출되는 것이다. 이처럼 현대 정신분석학을 떠받치고 있는 주요한 주제들도 여러 가지로 분류할 수 있지만 그 중에서 가장 두드러지는 주제는 '불안과 분노'이다. 불안과 분노는 현대인의 삶 속에서 깊이 스며들어 있으며 사회 곳곳에서 터지고 있다. 이것이 우리 사회의 안타까운 현실이다.

1장

분노란 무엇인가

　'화' 또는 '분노'는 인간이 가지고 있는 감정 중의 하나이다. 사전적 의미로 분노, 화는 분개하여 몹시 성을 내거나, 몹시 못마땅하거나 언짢아서 나는 성이라고 표현하고 있다. 즉 분노는 인간의 지닌 마음의 바탕인 성질에 화가 난다는 것이다. 분노는 인간의 여러 가지 감정 중의 하나이기 때문에 무조건 부정적이지는 않다. 하지만 분노가 가지고 있는 에너지는 긍정적인 방향보다는 우리의 삶 속에서 많은 부정적인 결과를 초래하기 때문에 잘 다스려야 하는 감정이다.

1) 분노의 표현방식

　사람들은 자신의 분노를 일으키는 감정이나 생각, 느낌 따위를 말이나 행동, 감정, 표정 등으로 표현하게 된다. Spielberger, Johnson, Russell, Jacobs, Crane, Worden(1985)는 사람들이 분노감정을 표현하는 방식에 따라 분노표출(anger-out), 분노억제(anger-in), 분노조절(anger-control)로 구분하여 설명하였다. 첫 번째, 분노표출은 화가 나면 자신이 화가 난 것을 타인이나 상대방에게 겉으로 드러내는 것으로 신체적 행위, 비난, 언어폭력 등으로 자신의 분노를 외현적으로 표현하는 것이다. 분노표출은 분노에 지배를 받으며 이성을 잃고 책임 있는 행동을 하지 못한다. 그리고 분노 후에 자신이 한 행동으로 인해 죄책감을 느끼고 후회를 하는 경우가 많지만 상황을 되돌릴 수는 없다. 분노의 감정을 표출할 때는 기분이 조금 나아지는 것 같지만 그것은 잠시이다. 오히려 상황을 더 악화시키고 통제력을 잃을 수 있다. 두 번째, 분노억제는 말 그대로 화가 나지만 자신의 분노를 드러내지 않는 것이다. 자신의 분노를 마음에 담아 두거나 억압하는 것이다. 그 이유는 자신이 화를 낼 수 없는 강한 대상이거나 화를 낼 수 없는 상황에 처해 있는 경우이다. 자신의 감정을 적절하게 표현하는 방법을 잘 몰라 내부로 돌리는 것이다. 인간관계에서 오는 갈등과 분노를 건강하게 표현할 자신이 없기 때문에 무시하거나 억압하는 것이다. 하지만 분노억제는 마음속의 분노가 쌓이게 되면 결국 폭발하게 되고 더 큰 부정적인 상황에 직면하게 된다. 그리고 내부의 부정적인 감정에 매달리기 때문에 우울해지기 쉽다. 셋째는 분노조절이다. 차분하고 냉정한 상태를 유지하는 것이다. 자신이 화가 난 상태를 자각하고 감독하면서 화를 진정시키기 위해 다양한 책략을 구사하는 것으로 냉정을 유지하고 상대방을 이해하려고 노력하는 것이다(Spielberger, Reheiser, & Sydeman, 1995). 분노조절은 보다 적응적인 분노표현이지만 분노억제와 분노표출은 부적응적인 분노의 표현이라고 할 수 있다(김택성, 2008). 부적응적인 분노표현은 다양한 심리적, 신체적 질환에 영향을 미친다. 즉 분노표출이나 분노억제가 강한 사람은 심장혈관 질환, 소화계 질환 및 우울감과 절망감을 많이 보였고 자살의 위험성도 높다. 이처럼 분노표출이나 분노억제는 개인의 신체적 및 심리적인 건강을 해칠 뿐만 아니라 타인과의 인간관계나 직업생활에 부정적인 영향을 미치기 쉽다. 또한 아동 및 배우자 폭력, 대인관계 손상 및 사회적 회피와 비효율적인 문제해결 등을 일으키는 것으로 보고되었다(신승연, 2013).

2) 분노의 표출방식

  사람들의 분노표출 방식을 좀 더 자세하게 살펴볼 수 있다. 분노는 상대의 반응을 즉각적으로 불러일으켜 갈등 상황을 악화시키거나 자신이 오히려 더 큰 공격을 당할 수 있기 때문에 분노는 그 대상과 조건에 따라 표출방식이 달라진다. 보통 사람은 다섯 가지 방식으로 자신의 분노를 표출한다. 첫 번째는 공격형 표출방식이다. 공격형은 상대방에게 고함지르고 상대를 무시하고, 비난하는 공격행동으로 자신의 분노를 표출한다. 두 번째는 적대감 표출방식이다. 적대감은 강압적인 큰 소리로 상대에 대한 역겨움과 불만을 표출한다. 즉 상대의 말, 행동 등에 몹시 언짢거나 못마땅해서 속이 거슬릴 정도라는 것이다. 기회만 오면 자신에게 상처를 준 사람에게 복수하려고 한다. 상대를 적으로 생각하고 공격하는 것이다. 공격형이나 적대감은 분노의 전형적인 표출의 형태이다. 세 번째는 비꼬기 표출방식이다. 직접적으로 분노를 표출하는 것이 아니라 표정이나 음성으로 역겨움이나 비난 등으로 분노를 표출하는 방식이다. 즉 비난 섞인 표정과 한숨으로 자신이 화가 났다는 것을 표출하는 것이다. 네 번째는 소극적 표출방식이다. 한 참 바쁠 때 딴청 피우는 행동, 상대가 원하는 것을 하지 않거나, 늦장을 부리거나, 아예 거부하는 행동으로 자신의 화를 표출한다. 즉 소극적으로 화를 표출한다. 다섯 번째는 냉담형 표출방식이다. 냉담은 화가 나면 말을 안 하고, 사람들과의 접촉을 피한다. 자기와는 아무런 상관이 없다는 식의 냉담도 분노를 표출하는 한 방법이다. 이처럼 분노는 사람마다 다른 방식으로 자신의 분노를 표출하고 있다. 하지만 어떠한 분노의 표출방식이든 다섯 가지의 분노표출 방식은 건강하지 않은 분노표출 방식으로 자신은 물론 인간관계에 부정적인 영향을 줄 수 있다(EBS 당신이 화내는 진짜 이유 제작팀, 2015).

3) 분노의 감정

　사람들은 분노의 감정에 휩싸이게 되면 이성을 잃고, 타인에 대해서 위협적인 태도를 취하게 된다. 험한 말과 행동을 하고, 심지어는 폭력이나 살인 같은 극단적인 일을 저지르기도 한다. 이러한 분노는 질투, 수치심, 무력감, 두려움, 상실감, 좌절감, 불안, 원한 등 여러 가지 원인에서 시작되지만 대개는 부정적인 결과를 낳는다. 분노는 우리가 위협을 받거나 좌절할 때 느끼게 되는 불쾌한 감정이다. 다시 말해 자신의 욕구를 충족하기 어려울 경우 나타나는 자연스러운 신체적, 감정적 반응이다. 분노를 느끼게 되면 우리의 신체, 감정, 사고, 행동에 변화가 일어나는데 가장 먼저 긴장과 관련된 신체 반응이 나타난다. 그리고 분노와 관계된 생각과 감정이 일어나며 곧이어 그에 따른 행동이 나타난다(이영 역, 2004). 이처럼 마음속에 꾹꾹 눌러 담은 부정적 감정과 억압된 욕구가 스트레스가 되어 여러 신체적 증상과 함께 정서적 우울감이나 불안감, 심지어 파괴적 행동으로 표출되는 것이 분노의 감정이다. 분노의 대상은 가까운 가족이나 동료인 경우가 많다. 그래서 인간관계에 더 많은 부정적인 영향을 주어 인간관계가 단절되고 사회적 활동이 위축된다. 심지어 가장 사랑하고 아껴야 할 대상에게 가장 큰 상처와 아픔을 주게 된다. 이러한 파괴적인 분노의 원인은 무엇인가?

　　　　　　　　　　　　　　　분노심리와 성격 이해하고 다루기

2장

분노의 발생원인

　분노가 발생하는 원인은 다양하게 설명될 수 있지만 대개 분노의 원인을 생물학적 요인과 환경적 요인으로 분노의 원인으로 설명할 수 있다. 생물학적 원인으로는 정서와 기억을 담당하는 뇌에 이상이 있을 수도 있고 환경적인 원인으로는 사회 환경과 부모의 양육태도의 영향을 받을 수도 있다. 어린 시절부터 불안한 가정에서 신체적, 정서적, 언어적 폭력을 당하는 역기능가정에서 성장했을 경우이다. 성인이 되어서도 분노를 잘 조절하지 못하는 사람은 어린 시절 인정과 사랑을 받아야 할 부모로부터 제대로 인정과 사랑을 수용 받지 못했던 좌절감이 주된 감정이 된다. 성인이 되어서는 공격성으로 나타날 수 있다. 대상관계 이론가인 로날드 페어베인(Ronald Fairbairn)은 어린 시절 양육자로부터의 거절과 유기는 유아나 성인의 공격성을 드러낸다고 했다. 부모가 자신의 충동적 감정을 적절하게 조절하지 못하고 마구 집어 던지고 가해하는 가정환경에서 성장했다면 분노가 학습될 가능성이 높다. 즉 적절하게 충동을 조절하는 롤 모델(role model)이 없는 환경에서 자란 경우 간헐적 폭발성장애, 품행장애, 방화, 발모광 등의 충동조절장애 증상을 보일 수도 있다. 비난에 익숙한 사람들의 핵심 정서에는 수치감이 있다. 자신이 무시당한다고 느낄 때 엄청난 모멸감에 휩싸이게 되고 이는 감당할 수 없는 분노로 표출하게 된다. 가정의 해체나 실직, 경제적인 어려움 등 하루 살아가기가 힘겨운 사람들에게 상대적 박탈감을 조장하는 사회적인 여건들도 사람들을 분노하게 하는 원인이 될 수 있다. 분노의 근본적인 원인은 유전적, 환경적, 생물학적 원인이 있겠지만 일반적으로 인간관계에서 발생하는 분노의 원인은 다음과 상황에서 찾아볼 수가 있다.

1) 자기를 위협한다고 인식

목회상담학자 앤드류 레스터(Andrew D Lester, 2016) 박사는 분노는 자기를 위협한다고 인식함으로써 반응할 때 일어나는 신체적, 정신적, 감정적 패턴이며 공격하거나 방어하려는 욕구가 특징이라고 정의했다. 우리의 삶속에서 매일매일 말과 표정, 행동 등의 다양한 형태로 자신의 분노를 표현하며 살아간다고 한다. 질색하다. 경멸하다. 멸시하다. 혐오하다. 모욕하다. 냉담하다. 질려버린. 구역질나는. 분개한다. 노발대발한다. 격양된다. 염증이 난다. 감정이 거슬린다. 성미가 급하다. 심술. 성난. 얼굴이 붉어짐. 짜증난. 불쾌한. 언짢은. 약이 오른. 토라진. 격분한. 열 받는다. 정떨어진다(이관직, 2007). 이처럼 분노를 표현하는 용어는 다양하다. 우리는 이러한 용어들을 사용하여 자신의 분노감정을 표출하며 자신을 위협으로부터 보호한다.

2) 공정하게 대우받지 못한다는 느낌

스위스 심리학자 쉐러(K. R. Scherer)와 독일 심리학자 월보트(H. G. Wallbott) 박사는 1994년에 다섯 대륙 37개 나라 대학생 2,921명을 대상으로 일곱 가지의 감정

분노심리와 성격 이해하고 다루기

을 느끼는 상황을 조사 연구했다. 그 결과 분노는 대부분 다른 사람에 의해서 고의적으로 유발된 불쾌하고 공정하지 못한 상황에서 경험하는 것으로 조사되었다. 자신이 공정하게 대우받지 못한다는 느낌이 분노를 일으키는 주요 원인이라는 것이다. 상대방의 말이나 행동에 대한 의도성이다. 즉, 상대방의 의도성에 대한 판단은 분노의 강도에 많은 영향을 미친다. 내가 천천히 길을 걷고 있는데 어떤 사람이 나를 툭 치고 미안하다는 말 한마디 없이 나를 앞질러 갔을 때, 순간 화가 난다. 그런데 그 행동이 고의적이었다는 느낌이 들면 분노는 더욱 커지게 된다. 보통 의도성 여부는 얼굴 표정이나 언어를 통해서 느끼는데, 화를 잘 내는 사람들은 상대방의 얼굴이나 언어 표현이 애매한 경우에도 의도적이라고 느끼는 경우가 많다고 한다.

3) 직장에서의 분노원인

호주의 심리학자 피트니스(J. Fitness)는 2000년에 호주 직장인 175명을 대상으로 어떤 경우에 화가 나는지를 조사했다. 조사 결과를 보면 화가 나는 원인으로는 크게 다섯 가지로 나타난다. 첫 번째는 내가 부당하게 대우를 받았다고 생각될 때로 44%가 해당되었다. 나는 잘못한 게 없는데 나를 꾸짖는 경우, 열심히 일했는데 알아주는 사람이 없는 경우, 동료에 비해 과중한 업무가 부과된 경우 등이 여기에 해당한다. 두 번째는 부도덕한 행동을 봤을 때로 23%였다. 예를 들어 동료의 거짓말, 게으름, 절도, 사기, 성희롱 등을 목격한 경우이다. 세 번째는 자신의 일이 제대로 진행되지 않을 때로 15%이다. 꼭 누군가의 원인에 의해서 분노의 감정이 일어나는 것이 아니라 일상적인 상황에서 일어나는 경우이다. 컴퓨터 작업 중 컴퓨터가 고장 난 경우에 만약 같은 일을 하는 동료가 사태의 심각성을 공감해 주지 못하면 더 화가 난다. 더욱이 동료의 잘못이나 게으름으로 화난 고객을 상대할 때는 말할 나위가 없다. 네 번째는 자신이 존중받지 못한다고 생각될 때로 11%로 나왔다.

자기를 빈정거리거나 무시하는 경우이다. 대개는 직장상사로부터 이와 같은 대우를 받는다고 생각한다. 다섯 번째는 자신이 공개적으로 모욕을 당한 경우로 7%가 나왔다. 결론적으로 직장에서 화나는 원인의 대부분은 자신이 제대로 대접받지 못하거나 무시당하고 있을 때와 동료의 부도덕성이라고 할 수 있다. 화가 나는 가장 많은 원인이 불공정함이라는 것은 세계 각국의 대학생들을 대상으로 한 연구와 동일한 결론이다.

① 분노표출에 중요한 요인

자신과 상대방의 힘의 비교이다. 누군가가 나를 깔보거나 업신여긴다면 보통 화가 나지만 어떤 경우에는 비참함, 즉 슬픔을 느끼게 된다. 앞서 호주에서 직장인들을 상대로 조사한 바에 따르면, 화나게 한 사람이 부하 직원인 경우는 71%가 분노를 표출하지만, 동료인 경우는 58%로 줄어들고, 상사인 경우는 다시 45%로 줄어든다고 한다. 달리 말하면 약 20~50%는 화가 나더라도 표현하지 않았는데, 조직에서의 서열이 분노의 표출 여부에 영향을 미치는 것이다. 분노를 표출한 후 해결하는 과정도 서열에 따라 달라진다. 화를 낸 상사는 문제를 해결하기 위해 적극적으로 행동하고, 필요하면 벌칙을 부과한다. 그리고 대부분은 문제가 잘 해결되었다고 만족한다. 반면 부하 직원의 해결 과정은 다르다. 자기한테 화낸 상사에게 직접 항의는 못 하지만 다음에 복수를 한다. 화낸 상황이 공정하지 못하다고 생각하면 더욱 그렇게 된다. 자기에게 화낸 상대에게 복수하는 비율은 일반적으로 21~30%인데, 부하 직원이 상사에게 복수하는 비율이 30%로 높다.

② 복수 방법은 직장에 따라 다양하다.

나쁜 소문을 퍼뜨리거나 고의적으로 일을 열심히 하지 않을 수도 있고, 중요한 서류를 의도적으로 숨기기도 한다. 식당에서 일하는 웨이터는 주방장에게 복수하

분노심리와 성격 이해하고 다루기

기 위해 고객의 음식에 소금이나 매운 소스를 뿌리는 등의 수동공격을 하는 것이다. 하지만 그렇게까지 하더라도 자기가 참아야 했던 화나는 상황을 만족스럽게 해결했다고 생각하지는 않는다. 우리가 분노를 표출하는 것은 화를 내더라도 안전하다고 느끼기 때문이다. 만약 상대방이 나보다 권력이나 부(富)가 월등하게 크다고 느끼면 분노를 느낄 겨를도 없이 두려움을 느끼게 된다. 자신의 현재 상태가 불안하다면 두려움이 더욱 몰려올 것이기 때문이다. 우리나라에서 시위하는 모습을 보면 시위대는 경찰에 거칠게 항의를 한다. 그러나 같은 시위대가 미국에 가면 그 나라의 법을 잘 지키면서 시위를 한다. 경찰이 우리의 보호자가 아니라는 생각과 체포되었을 때 어떻게 될지 모르는 불안한 상태이기 때문이다. 이처럼 힘의 관계와 불안 여부는 같은 상황에서 느끼는 감정이 분노인가 공포인가를 결정하는 데 중요한 역할을 한다. 우리가 술을 마시면 화를 잘 내고 잘 싸우는 것도 술이 불안을 덜어 주기 때문이다.

4) 가정에서의 분노원인

미국의 심리학자 할버스타트(A. G. Halberstadt)와 카펜터(S. Carpenter) 박사는 1996년 미국 가정에서 일어나는 분노를 연구한 결과 가정에서 경험하는 분노와 직장이나 사회생활에서 나타나는 분노의 원인이 많이 다르게 나타났다.

① 부부간의 가정 내에서 서로 화를 내는 이유?

아내가 남편에게 화내는 이유?	남편이 아내에게 화내는 이유?
돈을 너무 물 쓰듯 쓴다.	돈 문제
아이들을 잘 돌보지 않는다.	자식 문제
성격이 너무 급하다.	성격차이
질투가 심하다.	자신을 무시한다.

② 시간 배분이나 애정 표현의 문제에서 서로 화내는 이유?

아내가 남편에게 화내는 이유?	남편이 아내에게 화내는 이유?
텔레비전을 너무 많이 본다.	너무 늦게까지 일한다.
출장이 너무 잦다.	성적인 관계를 하지 않는다.
연락 없이 늦게 들어온다.	바가지를 긁는다.

③ 부모 자녀 간의 화를 내는 이유?

부모가 자식에게 화내는 이유?	자식이 부모에게 화내는 이유?
말을 듣지 않는다.	내 말을 들어 주지 않는다.
예절 바르지 못하다.	너무 야단만 친다.
꾸물거린다.	약속을 잘 지키지 않는다.
형제들끼리 싸운다.	너무 지시, 명령, 권위적이다.

부부관계에서 어느 한쪽이 화내면 대개 상대방도 같이 화를 낸다. 결국부부 싸움이 된다. 대부분은 앞서 말했듯이 사소한 문제에서 시작하지만, 원인을 따져 보면 결국은 직장 생활에서와 마찬가지로 공평하지 못하다는 느낌이 화를 내게 한다. 나는 이렇게 하는데 왜 당신은 그렇게 하지 못하냐는 거다. 그러나 부부는 서로 다른 환경에서 자란 만큼 공평성의 기준이 다르기 때문에 공평성 자체가 서로 다르다. 그래서 대화가 겉돌게 되고 합일점을 찾기 어렵다. 부모의 일관성 없는 양육방식도 자녀는 혼란을 경험하며 부모의 눈치를 보며 불안을 느끼게 된다. 부모의 일관성 있는 양육방식이 자녀들의 정서적 안정과 건강한 성격 형성에 긍정적인 영향을 준다. 부모들이 자식에게 화내는 경우는 대부분 자식이 기대에 미치지 못했을 때문이다. 먹여 주고 재워 주고, 해 달라는 것 다 해 줬는데 왜 그 모양이냐 하는 핀잔이다. 역시 베푼 사랑에 대한 보답, 즉 공평성의 문제이다. 그러나 부모와 자식 간의 힘의 관계는 일방적인 경우가 많아 자식에게 화내는 관계가 된다. 집에서 화를 더 잘 내는 것은 감정을 억눌러야 한다는 강박감에서 해방되기 때문이다.

분노심리와 성격 이해하고 다루기

분노란 자신의 안전이 보장되고 불안감이 없을 때 나오게 된다. 재미있는 사실은 누군가가 자신을 무시할 때보다 자기 앞에서 자신의 가족을 무시할 때 더욱 화를 낸다. 누군가가 자기를 업신여기는 것은 참아도, 자기 아버지나 자식을 무시하는 것은 참지 못하기 때문이다(최현석, 2012). 보통 부부관계는 같은 나라에서 태어나 성장한 사람들이 만나 가정을 이루게 되는 경우가 대부분이다. 우리나라에 경우 다문화가정이 많아지고 있는 추세이기는 하지만 아직도 대부분의 사람들은 그렇지 않다. 그리고 다문화가정에서만 문화적 차이로 갈등을 겪는다고 생각할 수 있다. 하지만 같은 나라에서 태어나 성장했다고 해서 문화적 차이가 없는 것은 아니다. 그 이유는 두 사람 모두 성장 배경이 다르기 때문이다. 교육, 가정환경, 사회환경, 신념, 가치관, 종교 등의 성장환경이 다르면 엄연히 문화적 차이가 존재하는 것이다. 부부는 이러한 문화적 차이는 서로 이해하고, 존중하며 부부만의 문화를 만들어 가는 과정이 필요하다.

3장
분노의 증상

1) 분노의 신경계 증상

사람이 화가 났을 때 뇌의 어느 영역이 관여하는지를 알아보는 연구는 거의 불가능하다. 화가 났을 당시 바로 자기공명 촬영술(MRI)이나 양전자방출 단층촬영술(PET) 검사를 할 수도 없고, 인위적으로 사람을 화나게 하는 것 자체가 매우 어렵기 때문이다. 차선책으로 과거에 화가 났던 경험을 기억하게 하면서 뇌 영상이나 뇌파를 연구하였다. 그 결과 우측 전두엽이나 측두엽이 활성화되는 것으로 나타났다. 분노에 관계되는 변연계가 자주 활성화되면 이를 조절하는 전전두엽의 기능이 노화되어 제 역할을 못하게 되고 결국 작은 자극에도 폭발하게 된다. 화를 표출하는 데 익숙해 있다면 점점 그것에 의지하게 되는 것이다. 다니엘 아멘(Daniel G Amen) 박사는 뇌에 대해 심도 있게 연구한 사람으로 단일광자방출단층촬영(SPECT, Single Postron Emission Computed Tomography) 특별기법으로 뇌의 혈액 흐름 연구를 통해 뇌의 특정부위의 활동성에 주목하였다. 다니엘 아멘(Daniel G Amen)박사는 그의 저서인 (Firestorms in the brain: An inside look at violent behavior 1998.)에서는 욱하는 성질을 가진 사람들의 뇌에서 공통적으로 발견되는 세 가지 결함이 있다고 설명한다. 첫째는 자신의 감정을 조절하지 못하고 순간 욱하는 성질이 있는 사람들은 집중하려고 할 때 전전두엽의 활동이 현저히 줄어드는 현상을 보인다고 한다. 상황을 올바르게 인식하고 해결하는 데 필요한 집중력이나 상황대처 능력이 떨어지며, 충동을 조절하는 능력이 떨어진다는 의미이다. 둘째는 전전두엽이 너무 활발하게 활성화되는 것도 욱하는 감정을 조절할 수 있는 능력을 떨어뜨린다고 한다. 셋째는 좌측 측두엽이 정상적으로 작동하지 않을 때 부정적인 감정을 조절하는 데 어려움을 겪게 되고 욱하는 분노가 급속도로 치밀어 오른다고 한다.

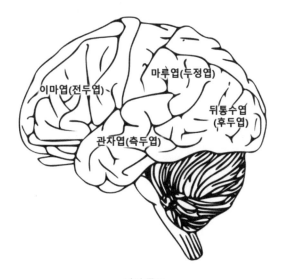

뇌의 구조

전두엽은 대뇌반구의 전방에 있는 부분으로 전전두엽 관련 영역을 가져 기억력과 사고력 등의 고등행동을 관장하며 다른 연합영역으로부터 들어오는 정보를 조정하고 행동을 조절한다. 즉 동물적인 본능을 억제하고 사회성을 유지시키는 역할을 한다. 추리, 계획, 운동, 감정 등의 문제 해결에 관여한다. 측두엽은 대뇌반구의 양쪽 가에 있는 부분으로 청각연합 영역과 청각피질이 있어 청각정보의 처리를 담당한다. 인지기능과 기억기능도 조절한다. 이처럼 측두엽은 여러 기능을 하기 때문에 측두엽 손상이 있을 경우 환각, 기억장애 등을 나타낼 수 있다고 한다.

2) 분노의 신체적 표현의 특징

사람들은 자신이 화가 났다는 것을 대부분 신체적으로 말한다. 얼굴이 붉어지고, 눈살을 찌푸리고, 언성이 높아지고, 흥분하기도 한다. 반면에 어떤 사람은 자신이 화가 났음에도 불구하고 침착하게 자신의 감정을 조절하며 신체적으로 드러나지 않는 사람도 있다. 분노가 강렬할 때는 처음에는 자신이 화가 났다는 것을 모르거나 심지어는 알고 싶지 않을 수도 있다. 화가 나서 말을 막 하고 성난 표정이나 행동을 하면서도 자신이 화가 났다는 사실을 인식조차 못 하는 경우도 있다. 또한 분노가 끓어오르는 상황에서 순간적으로 감정을 분출했지만 금방 원래의 감정 수준으로 돌아간 경우에도 자신은 그 사실을 모를 수 있다.

① 분노는 얼굴 표정이 변한다.

사람의 얼굴은 기쁠 때와 화가 났을 때 그 모습이 매우 달라진다. 분노를 억압하려고 해도 얼굴과 눈매에 표현되기 마련이다. 화가 나면 눈을 부릅뜨고, 눈썹을 이마 중간을 향해서 아래로 누르고, 아래 눈꺼풀은 눈의 안쪽 중앙을 향해 끌어올린다. '이것이 노려보는 눈빛입니다.', '눈알을 부라린다.'고 표현하기도 한다.

② 분노는 얼굴색이 변한다.

혈압이 올라감으로써 얼굴색이 붉어진다든지 얼굴의 피부가 긴장되며 눈에 살기가 서리는 경우다. 화가 나면 혈관이 팽창하기 때문에 얼굴색이 전체적으로 붉어지게 되는 것이다. 그래서 '얼굴이 붉으락푸르락하다.'고 한다. 입술은 붉어지면 서 얇아지고, 흔히 '입술이 일그러진다.'고 표현하는 모습이 된다. 입은 직사각형으 로 벌어지기도 하고, 앙다물기도 한다. 화가 날 때 입이 벌어지는 것은 진짜 참을 수 없을 때고, 앙다문 입술은 어느 정도는 화를 참고 있다는 표현이다.

③ 분노는 몸으로도 표현된다.

사람들이 화가 났을 때 신체 반응은 격렬한 신체 활동을 하거나 공포에 질렸을 때와 비슷하다. 분노와 관련된 노르아드레날린(noradrenalin)은 호르몬을 생산하 기 위해 혈관을 수축해야 하기 때문에(이영 역, 2004). 우리 몸의 근육은 긴장하며, 팔에 힘이 많이 들어가고 주먹을 불끈 쥐기도 한다. 근육은 너무 긴장하면 떨리게 되는데, 두 주먹을 불끈 쥐고 바르르 떤다면 매우 화가 난 상태를 의미한다. 호흡이 가빠지고 심장 박동이 증가하며 혈압도 상승한다. 교감신경이 흥분된 상태이기 때 문이다. 따라서 소화 기능은 일시적으로 마비 상태가 된다. 그래서 화가 나면 부아 가 끓어오르고 오장육부가 뒤집히게 되는 것이다. 급성적인 분노는 심장박동 수와 호흡이 빨라지고 근육이 긴장된다. 그리고 만성적인 분노는 두통, 소화불량, 심장 질환, 근육통, 관절염과 같은 심인성 질환으로 증상이 나타난다. 이처럼 분노는 신 체 생리적 반응이라고 할 수 있다. 우리의 신경계를 자극하고, 신체적으로 예민하 게 반응하며 나타난다. 이러한 분노는 아무 예고 없이 급격히 발생할 수도 있지만, 아주 천천히 수동적으로 발생할 수 있다. 하지만 우리의 반응은 상황에 대한 잘못 된 인식일 수 있으며 자신의 심리적 역동과 연관되어 표출되는 과장된 행동일 수 있다.

4장

분노의 공격성

과거 분노라는 감정은 생명을 유지하는 데 상당히 중요한 역할을 했다. 사나운 맹수의 공격이나 상대 부족의 공격 속에서 분노는 자신과 가족의 생명을 지키는 생존 도구였다. 그러나 현대 사회는 신체적 위협이 줄어들고 감정적인 자극이 대부분이다. 이런 감정적인 자극에도 생명을 위협받는 것처럼 반응하는 것은 지혜롭지 못한 행동이다. 분노는 종종 공격적인 행동으로 표출된다. 그러나 화나게 한 상대방을 때리고 싶은 충동을 느끼더라도 실제 행동으로 표현하는 경우는 많지 않아 10%가 채 안 된다. 그것도 대부분 남자들이다. 공격적인 행동이 모두 분노에서 비롯된 것은 아니다. 공격성(aggression)이란 상대에게 해를 가하려는 파괴적인 행동성향을 말한다. 먹을 것을 얻기 위해 동물을 공격하는 행동은 파괴적인 것이 아닌 생산적인 활동이지만, 상대를 손상시킨다는 맥락에서는 공격성이라고 할 수 있다. 공격성은 범죄를 저지르는 사람들에게서 나타나는 가장 대표적인 심리적 특성이다.

1) 전위된 공격성

요즘 들어 우리 사회는 불특정 다수의 무고한 시민을 향한 '묻지마 범죄'가 날로 늘어가고 있다. 분노의 원인과 무관한 사람들을 향해 표출되는 '전위된 공격성'이 늘고 있는 것이 문제이다. 전위 공격성은 분노를 유발한 특정한 대상이 아닌 다른 대상에게 공격성을 표출하는 것을 말한다(황지연, 2013). 전위된 공격성은 자신과 상관없는 사람에게 피해를 줄 수 있고 예측할 수 없는 범죄가 발생할 수 있다는 점에서 매우 심각하다. 이하나(2009)의 '전위된 공격성 집단의 특성에 관한 탐색연구'에서 전위 공격성을 지닌 사람은 자신에게 분노를 유발한 특정 대상이 없어지거나 사라지는 등의 이유로 그 대상에게 직접적으로 공격성을 표출할 수 없는 경우, 공격성을 억제했다가 다른 대상에게 공격성을 표출한다고 했다. 공격성의 표출 대상은 당사자가 아닐지라도 타인을 공격하는 것으로 공격성을 표출하기 때문에 심각한 물리적, 심리적 손상을 입히게 한다. 특히 전위 공격성은 불특정 다수를 대상으로 분노를 표출하기 때문에 예측이 불가능하고 피해를 예방할 수 없다는 데 문제의 심각성이 있다.

① 전위 공격성은 분노를 억제하는 경향에서 많이 나타난다.

우리나라의 집단주의 사회, 공동체 중요성, 가부장적인 문화의 특성은 자신의 생각, 느낌, 감정을 많이 억제하는 경향이 있다. 인간의 감정인 분노의 감정도 적절하게 표현되고 수용되어야 한다. 하지만 우리나라의 사회문화와 가정에서의 분위기는 자신의 감정을 적절하게 표현할 수 있는 분위기는 아니다. 이러한 사회문화적 분위기는 자신의 감정을 억제하거나 통제하게 한다. 특히 분노의 감정을 억제하는 것은 전위 공격성을 보이는 사람들에게 나타나는 특징이다.

② 정신건강의 부적응적 특성으로 나타난다.

우울감이 높은 사람의 경우 공격적인 행동을 많이 보인다. 우울한 감정은 반항이나 청소년들의 비행, 물리적, 언어적, 공격행동으로 표출된다. 정신분석에서는 우울증을 분노가 억압될 때, 나타나는 증상으로 이해한다. 우울증이 있는 사람들이 갑작스럽게 이성을 잃고 분노를 표출하거나 분노를 자신에게 돌려 자해를 하거나 자살의 충동으로 극단적인 행동을 한다. 평소에 자신의 느낌, 생각, 감정을 적절하게 표현하는 것은 공격적인 분노와 우울감을 낮추고 자살을 방지하는 역할을 한다.

③ 내면화된 수치심의 공격성이다.

수치심은 자신에 대한 부정적인 정서이자 평가이며, 타인에 대한 과도한 의식이다. 내면화된 수치심은 어린 시절 양육자와의 경험으로부터 생겨나 생에 전반에 걸쳐 내면화된 것이다. 수치심은 사람으로부터 존중받지 못한다고 느끼는 고통스러운 정서를 의미하며 여기에는 당혹, 굴욕감, 치욕, 불명예 등이 포함된다. 한 개인이 이러한 수치심을 갖게 되는 데에 있어서 중요한 역할을 하는 것은 어렸을 때에 누군가에게 보여지고 경멸받는 경험들이다(정신분석용어사전, 2002). 결국 수치심은 분노를 더 유발하게 하고 분노의 감정이 공격적인 행동으로 나타나게 한다. 즉 과거에 해결되지 않은 내면의 상처가 잠재되어 있다가 현재에 비슷한 경험을 하게 되면 아주 사소한 자극에도 예민하게 반응을 하며, 쉽게 공격적인 행동을 하게 되는 것이다.

2) 공격성에 영향을 주는 물질

① 테스토스테론(testosterone)과 공격성

호르몬의 불균형 역시 분노와 공격성을 조절하는 능력에 영향을 준다. 남성호르

분노심리와 성격 이해하고 다루기

몬인 테스토스테론의 영향을 받는다. 테스토스테론은 가장 대표적인 남성호르몬이다. 테스토스테론의 비율이 높은 남성이 낮은 남성보다 공격성이 강하다. 그러나 놀라운 것은 최근 한 연구에 따르면 여성호르몬 에스트로겐(estrogen)도 여성과 남성 모두의 공격성에 영향을 준다는 것이다. 흥미로운 점은 두 호르몬이 사람이 인지하는 위협을 왜곡시키는 데 있다. 일부 여성들은 월경기 전에 일어나는 호르몬의 변화로 인하여 평상시보다 더 많은 분노를 터트리곤 한다. 동물실험에서도 수컷과 암컷이 짝짓기하는 동물의 경우 계절에 따라 테스토스테론 수치가 변한다. 봄에 짝짓기하는 수컷 새들은 봄에 테스토스테론이 증가하는데, 이때 위협적인 행동을 많이 한다. 그러다가 번식이 끝나고 테스토스테론 수치가 떨어지는 가을이 되면 언제 싸웠냐는 듯 큰 무리를 지어 평화롭게 다닌다. 다른 동물들의 공격성도 테스토스테론의 영향을 받는다. 포유류 수컷에게 테스토스테론을 주입하면 공격적으로 변하고, 반대로 거세를 하면 공격성이 줄어든다.

일반적으로 폭력은 15세에서 25세 사이의 남자에서 가장 많이 발생한다. 이 시기가 남자 일생 중 테스토스테론의 수치가 가장 높다. 많이 분비되는 테스토스테론의 영향으로 여러 정황을 생각하지 못한다는 의미이다. 강력범일수록 테스토스테론의 수치가 높게 나온다. 여자도 남자보다는 적지만 테스토스테론이 분비되며, 이 수치가 높을수록 분노와 공격성이 증가한다. 이처럼 테스토스테론과 공격성이 관련성이 높다. 그러나 어떤 한 개인의 테스토스테론 수치를 측정하여 그 사람의 공격성을 예측할 수는 없다. 한 개인의 테스토스테론 수치가 시기별로 어떻게 변하는지를 살펴보면, 수치가 상승하는 시기에는 평소보다 공격성이 증가할 것이라고 예측할 수는 있다. 반대로 테스토스테론을 감소시키면 공격성을 줄이는 효과가 있다. 이는 성폭력범 치료에 종종 이용된다.

② 편도(amygdala)와 공격성

공격행동에는 신경세포 집단의 핵이라고 부르며, 항상성의 유지와 자율신경계통, 내분비계통 및 변연계통과 관련된 시상하부(hypothalamus)뿐만 아니라 편도에도 작용한다. 편도를 전기적으로 자극하면 흥분하게 되고, 정서적 공격성을 유발한다. 프리브람(K. Pribram, 1954)은 여덟 마리가 집단을 이루어 생활하는 붉은털 원숭이(rhesus monkey)이 연구에서 편도가 사회적 행동에 어떤 영향을 미치는지 연구하였다. 무리 지어 사는 원숭이들은 사회적 서열에 따라 생활하는데, 우두머리 역할을 하는 원숭이를 골라 양쪽 편도를 제거하고 다시 무리 속에서 살도록 했다. 그랬더니 이 원숭이는 최하위의 서열로 밀려나고, 두 번째 서열의 원숭이가 우두머리가 되었다. 이렇게 새로 우두머리가 된 원숭이도 양쪽 편도를 제거했더니, 마찬가지로 최하위 서열로 밀려났다. 이는 사회적 지위를 유지하기 위해서는 편도가 중요하다는 것을 의미하는데, 연구자들은 편도의 역할 중 아마도 공격성이 중요할 것이라고 추정했다.

동물실험에서 편도를 제거하면 공격성이 줄어든다는 연구 결과에 고무되어 인간의 폭력 범죄를 치료하기 위해 편도를 제거하는 수술이 시도되었다. 편도를 제거하려면 먼저 머리뼈에 작은 구멍을 내고, 그 구멍으로 전선을 통과시켜 관자엽에 전극을 심는다. 전선을 통해 뇌에서 발생하는 신경 활동을 기록하면서 엑스레이(X-ray)를 이용하여 전극의 끝부분을 편도 내부에 위치하도록 한다. 이 전선에 전기를 흐르게 하면 전선 끝에 있는 편도가 불에 타서 파괴된다. 이런 수술을 받은 사람들은 폭력성이 줄어들어 사회생활이 가능해진다고 한다. 국내에서도 세브란스 병원에서 자신의 공격성을 조절하지 못하는 15세 소년에게 편도 제거 수술을 한 사례가 있다. 수술 2주 후 공격적인 성향이 감소했고, 6개월이 지나면서 사회생활이 가능해졌다. 5년 이상 관찰한 결과 다른 합병증 없이 만족스러운 결과를 보였다고 한다. 그러나 아직 안전성이나 윤리적인 문제가 있어 일반화되기 어려운 치료 방법이므로 많이 시행되고 있는 것은 아니다.

③ 세로토닌(serotonin)과 공격성

한 사람이 적대적인 사람이 되거나 공격적인 성향을 갖게 되는 것은 성장과정 속에서 부모, 양육자의 영향, 사회적 환경 요소가 아주 중요하다는 사실은 누구나 인정하는 사실이다. 하지만 신경전달물질이라는 화학물질에 의해서 뇌의 기능에 영향을 준다는 연구도 있다. 생리학자 리차드 르베리(Richard Verrier)는 고양이 실험을 통해 세로토닌 전구물질인 트립토판을 먹이면 뇌의 세로토닌 치수가 증가하여 심장으로 가는 교감신경계의 활성화 속도를 감소시킨다는 사실을 발견하였다. 반면 세로토닌의 기능이 떨어지면 교감신경계의 활동은 증가되고 부교감계의 활동이 감소되어 공격적인 행동을 보였다(고경봉 역, 1996). 세로토닌은 뇌줄기에서 만들어져 뇌의 모든 부분에 퍼진다. 세로토닌 수치가 낮은 쥐들은 서로 잘 싸운다. 원숭이들도 마찬가지여서 세로토닌 수치가 낮을수록 자주 싸우고 많이 다친다. 이런 원숭이들에게 혈중 세로토닌을 증가시키는 약을 투여하면 서로 잘 지내게 된다. 사회적 활동이 증가하는 것이다. 바닷가제도 세로토닌 수치를 올려 주면 무리 지어 하는 활동이 증가한다고 한다.

사람의 감정, 정서와 공격성에도 세로토닌의 영향을 받는다. 전 세계의 인구 10%는 세로토닌이 필요량보다 적게 배출되고 있다고 한다. 세로토닌이 부족할 경우 우울증, 무기력증, 절망감 등을 느끼고 우울증 장애 진단을 받게 된다. 또한 방화범이나 폭력범의 세로토닌 수치를 조사해 보면 낮게 나타난다. 수치가 낮을수록 출소 후 재범을 저지를 가능성이 높다. 폭력행동으로 상담을 받은 청소년의 세로토닌 수치를 조사해 본 결과 세로토닌 수치가 낮을수록 나중에 폭력 범죄를 저지를 가능성이 높았다. 세로토닌은 자신을 향한 공격성에도 관여한다. 극단적인 방법으로 자살을 시도했으나 살아남은 사람들의 세로토닌 수치를 조사해 봤더니 이 수치가 낮을수록 다시 자살을 시도할 가능성이 높게 나왔다. 하지만 폭력범에게 세로토닌을 증가시키는 약물을 투여한다고 해서 원숭이처럼 공격성이 감소하는 것은 아니다. 과학적인 실험을 통해 사람이 분노할 때 호르몬의 변화가 일어나고 뇌에서는 테스토스테론과 세로토닌이라는 화학물질이 분비된다는 사실을 보여주고 있다. 만약 테스토스테론과 세로토닌이라는 화학물질이 자주 분비가 되면 이 화학물질에 신체가 중독될 수 있다. 그래서 작은 일에도 쉽게 분노하는 사람이 될 수 있게 되는 것이다. 결국 분노가 성격의 일부가 되어 경계성 성격장애와 같은 성격장애를 가져올 수 있다. 분노의 에너지가 외부의 대상이 아닌 자신을 향할 때도 자살의 위험성이 높다. 실제로 세로토닌 결핍인 경우가 흔히 주요 우울증 장애 진단을 받게 된다(최현석, 2012).

분노심리와 성격 이해하고 다루기

5장

분노의 행동 방식에 따른 분류

사람들은 화가 났을 때 저마다 다른 반응을 보인다. 분노의 반응은 개인의 성격과 경험에 따라 달라진다. 즉 어린 시절의 경험, 문화적 배경과 주변 환경에 따라 다른 반응을 보이는 것이다. 성인이 될 때가지 사람들은 저마다 분노를 대처하는 방식을 배우며 성격의 일부가 된다(이영 역, 2004). Novaco(1979)는 분노를 스트레스에 대한 생리적 반응으로 설명하였다. 자신이 위험한 상황에 처했을 때 생리적으로 일어나는 신체적 반응으로 외부자극에 대하여 조절감을 유발시켜 상황에 대처하도록 작용한다는 것이다. Averill(1982)는 분노를 위협이나 좌절상태에서 주로 일어나는 반응상태로 분노의 공격성은 분노를 감소시키기 위한 행동이라고 설명했다. Rothenberg(1971)는 분노를 의사소통의 한 방식이라고 설명했다. 연속적인 단계를 거쳐 짜증, 좌절감, 격분, 분노 등으로 분류하였다. Thornburg(1982)는 타인이나 물건에 신체적, 언어적 공격을 표출함으로써 자신이 화가 났다는 사실을 표현하는 내적인 감정이라고 했다. 즉 분노는 신체적 불만, 좌절, 또는 자존심 상실 때문에 생기고 생리학적 변화를 수반하고, 운동적, 언어적으로 표현될 수 있는 미미한 짜증에서부터 극단적인 격노까지의 불쾌한 내적 경험 상태인 것이다(고영인,

1994). 임상심리학자인 분노전문가 매튜 맥케이(Matthew McKay)는 분노는 싸우거나 도망치는 등 자신을 보호하는 힘을 만들어 준다고 한다. 그래서 분노는 생존에 필수적이다. 하지만 분노로 인한 피해나 문제는 분노 자체 때문이 아니라 바로 분노에서 나오는 공격적인 행동 때문이라고 말한다. 화가 나면 말이나 행동이 거칠어지기 때문이다(EBS 다큐프라임, 2014). 즉 분노는 강렬한 감정이며 파괴적이며 치명적인 결과를 가져올 수 있는 위험한 감정이라고 정의할 수 있다. 극심한 분노를 참지 못해 폭발하면 흔히 이성을 완전히 잃게 된다. 그로 인해 주위를 인지하지 못하고 자신의 말과 행동을 통제할 수 없는 상황까지 몰고 가게 된다. 평소와 완전히 다른 성격이 되어 자신을 통제하지 못하게 한다. 하지만 모든 사람이 같은 상황에서 모두 똑같은 분노의 반응을 하는 것은 아니다. 미국의 분노전문가인 로럴드 T 포터 에프론 박사(Ronald T. Potter-Efron.)는 분노의 반응과 진전 속도, 행동방식에 따라 돌발성 분노(Sudden rage), 잠재적 분노(Seething rage), 생존성 분노(Survival rage), 체념성 분노(Impotent rage), 수치심 분노(Shame rage), 버림받음에서 비롯된 분노(Abandonment rage)로 분류하여 특징을 설명하고 각 분노유형에 따른 대처방법을 다음과 같이 소개하고 있다(전승로 역, 2007).

1) 돌발성의 분노

평상시에는 자신의 감정을 잘 통제하지만 어느 순간 부정적인 감정에 휩싸이게 되면 갑자기 무서운 성격으로 돌변한다. 예상치 못하는 위협적인 분노이다. 돌발성 분노는 갑자기 예기치 않게 성격이 돌변할 정도로 화가 치밀어 자신의 감정이나 생각, 행동을 이성적으로 통제하지 못하고 분노를 한순간 폭발하게 된다. 엄청난 속도로 보통 수준의 화를 넘어 폭발하게 되는 것이다. 분노가 빠르고 강력하게 밀려와 스스로 분노의 감정을 제어할 수 없고 시간이 지남에 따라 분노의 감정이

분노심리와 성격 이해하고 다루기

내려가게 된다.

① 돌발성 분노 특징

(1) 분노의 감정이 빠르고 강력하게 밀려오면서 분노가 폭발한다.

(2) 한 번 분노가 폭발하면 이성을 잃고 말과 행동을 통제하기가 어렵다.

(3) 분노가 폭발하면 평상시의 모습이 아닌 다른 사람이 된다.

(4) 분노 폭발 당시의 말과 행동을 잘 기억하지 못한다.

(5) 이성을 잃고 폭발적으로 분노가 일어나기 때문에 폭력적이다.

② 돌발성 분노대처방법

(1) 돌발성 분노는 대부분 무의식중에 일어난다. 하지만 항상 갑자기 일어나는 것은 아니다. 몸에 경고 신호를 보내는 경우가 있다. 그래서 자신의 감정이나 느낌에 민감해야 돌발성 분노에 대처가 가능하다. (예: 가령 좋지 않은 느낌, 곧 패닉 상태에 빠질 것 같은 느낌이다.)

(2) 자신의 분노가 표출하는 방식을 이해하고 통찰해야 한다. 분노 표출의 빈도수, 사건, 스트레스, 상황, 원인, 말, 행동, 통제력 등 자신의 분노에 대해서 잘 이해하고 통찰하는 것이 자신의 분노 조절의 시작이다.

(3) 자신의 분노를 인정하는 것이다. 성격 문제라든지, 작은 실수라는 생각을 버려야 한다. 자신을 합리화하거나 현재의 문제를 과거나 타인의 탓으로 돌려서는 안 된다.

(4) 타임아웃의 시간을 가져야 한다. 욱하고 분노하기 전에 사람들에게 벗어나거나 여유 있는 시간을 보내야 한다. 마음이 진정 된 상태에서 상대방의 이야기를 다시 한 번 이성적으로, 객관적으로 생각하고 평가해야 한다.

(5) 화를 다스리는 데 도움을 줄 수 있는 사람과 대화를 나눈다. 친구, 가족, 배우

자, 신부, 목사, 스승, 상담사, 의사, 자기개발 모임의 동료 등의 도움을 받는다.

(6) 안전한 계획을 세워 분노가 발생할 수 있는 상황을 낮추어야 한다. 분노관리 교육, 적절한 약물치료, 상담치료, 및 긴장완화에 도움이 되는 스트레칭, 명상, 요가, 마음을 진정시키는 호흡 운동을 한다.

2) 잠재성의 분노

분노의 감정과 행동표출은 항상 즉각적인 반응으로 나타나는 것은 아니다. 자신의 부정적인 생각과 느낌, 감정 그리고 공정하지 않다고 생각하는 상황에 대한 반작용으로 천천히 쌓이기도 한다. 화는 이성이라는 장막 아래에서 오랫동안 억압되어 있다가 견디지 못하고 결국 바깥으로 표출된다. 특히 잠재적 분노는 과거에 자신이 당했던 수치, 모욕, 상처, 과도한 집착, 피해의식, 배신, 범죄자에 대한 도덕적인 분노와 증오가 오랫동안 누적되어 있는 부정적 정서이자 감정이다. 오랜 시간 동안 개인이나 집단에 대해 화가 누적되어 나타난다. 잠재적 분노는 학교, 기업, 정부기관 같은 특정한 집단을 주된 공격 대상으로 삼는 경우도 있다. 학교생활과 사회생활에 적응하지 못하고 소외당한 분노가 쌓여 마음속에 가득 찬 증오가 더 이상 이길 수 없을 때 사회를 향하게 되는 것이다. 잠재적 분노는 전위된 공격성으로 불특정 다수를 향해 묻지마 분노를 표출할 수 있는 잠재적인 분노를 가지고 있다.

① 잠재적 분노의 특징

(1) 자신에게 피해를 주었다고 생각하는 특정 대상이나 모임, 집단을 향해 분노가 장기적으로 쌓였을 때 일어난다.

(2) 자신이 불공평하다고 느끼는 상황에 대해 과도한 집착을 보인다.

(3) 가해자 집단에게 도덕적인 분노와 증오를 나타내며 성격의 변화, 복수를 상상

분노심리와 성격 이해하고 다루기

하며. 가해자를 계획적으로 공격하는 등의 행동을 보인다.

(4) 자신에게 피해를 준 사람이나 단체가 도덕적, 윤리적으로 옳지 않고 사회적
으로도 정의롭지 않다는 믿음을 갖고 있다.

(5) 자신을 화나게 만든 상황이나 사람들을 쉽게 이해하고 수용하거나 용서하지
못한다.

(6) 잠재적 분노를 가지고 있는 사람들은 자신의 분노를 억압하거나 숨기는 경향
이 있다.

② 잠재적 분노 대처방법

(1) 자신의 생각이나 감정, 행동이 잠재적 분노가 되지 않도록 해야 한다. 자신이
견디기 힘들 때까지 부정적인 생각이나, 감정, 갈등, 어려움 등을 쌓아두지
말아야 한다.

(2) 자신의 부정적인 감정을 잘 정리하고 대화로 풀어야 한다. 만약 나하고 갈등
이 있는 사람이 있으면 직접 만나 대화를 해야 한다. 단순한 오해일 수도 있
다. 생각과 방법의 차이일 수도 있다. 상호 의견을 존중하고 대화를 하다보면
새로운 시각으로 보여 오해와 갈등을 해결할 수 있다.

(3) 분노를 부추기는 부정적인 생각, 감정, 느낌을 낮추어야 한다. 상대방의 말이
나 행동을 부정적으로 받아들이지 않도록 해야 한다. 부정적인 생각, 감정.
느낌을 긍정적인 생각으로 바꾸도록 노력해야 한다.

(4) 상대방을 이해하고 공감하는 능력을 길러야 한다. 잠재적 분노를 가지고 있
는 사람들은 자신에게 상처를 준 사람들에 대해서 부도덕하고 사악한 사람이
라고 생각을 해서 벌을 받아야 한다고 생각한다. 도덕적 분노에 대한 대책은
공감이다. 상대방의 입장에서 이해하고 생각하는 인지적 공감과 상대방의
느낌, 감정에서 마음으로 하는 정서적 공감을 하려는 노력을 해야 한다.

(5) 마음속의 증오심을 해결해야 한다. 증오심은 마음속 깊이 뿌리 박혀 있는 미워하는 마음이다. 이러한 증오심은 잠재적 분노를 강하게 만든다. 증오심을 해결하기 위해서는 감정적 전환이나 무관심이다. 자신에게 수치와 모욕감을 준 일을 무척 고통스러운 일이었지만 지나간 일이다. 과거에 묶여 계속해서 내가 불행해질 필요가 없다. 그리고 용서와 화해가 필요하다. 용서는 연민과 관용이다. 용서는 상대방을 위한 것이 아니라 나를 위한 치유의 과정이다. 상대방에 대한 마음을 비우고 자신의 인생을 사는 것이 쉬울 수 있다. 진정한 치유는 화해의 길을 열어 놓는다.

3) 생존성의 분노

인간의 분노라는 감정은 인간이 가지고 있는 여러 가지 감정 중의 하나이다. 그중 분노라는 감정은 가장 근본적이며, 원시적이고 인간의 생존을 위한 기본적인 감정이다. 생존성 분노는 말 그대로 자신의 생존을 향한 감정의 표현이다. 그래서 생존성 분노를 가지고 있는 사람들은 자신의 생명에 심각한 위험을 경험했던 사람들이다. 전쟁 상황, 교통사고, 산업재해, 성폭행, 또는 현재 심각한 폭력 등의 육체적, 정서적 폭력과 심각한 상황에 노출되었던 사람들이다. 생명의 위험을 느끼는 상황에서 자신이나 가족을 지키기 위해서 분노의 감정이 일어나고 행동하는 것은 자연스러운 일이다. 하지만 생존성 분노의 문제는 현재 자신이 생명의 위협을 전혀 받지 않고, 위협이 없는 상황에서도 분노를 터뜨린다는 것이다. 상황과 맞지 않게 자신의 목숨을 지키기 위해서 싸운다.

① 생존성 분노의 특징

(1) 자신이 육체적으로 위험한 상황에 처했을 때 살아남기 위한 대응책으로 발생

분노심리와 성격 이해하고 다루기

한다.

(2) 생존성 분노는 두려움과 분노가 뒤섞였을 때 발생한다. 위기 상황에서 본능적으로 싸울 것인지, 도망칠 것인지를 결정하는 반응을 한다.

(3) 방어적 공격성을 보일 수 있다. 위협에 대한 반응으로써 두려움과 비슷한 감정으로 도망치는 대신 오히려 공격자에게 대항한다. 궁지에 몰린 생쥐가 고양이에게 물며 공격하는 것과 같다. 도망치고 싶은 두려움을 분노로 바뀌어 공격한다.

(4) 현실을 과장하거나 왜곡하여 위험한 상황이 아님에도 불구하고 과도한 반응을 한다.

(5) 생존성 분노의 근원은 공포, 극심한 스트레스와 트라우마이다.

(6) 분노의 원인을 상대방에게 투사를 하거나 핑계를 댄다.

② 생존성 분노의 대처방법

(1) 보편적인 생각과 안전한 환경을 만들어야 한다. 세상은 완벽하지는 않다. 그러나 나뿐만 아니라 모든 사람이 같은 세상에 살고 있다는 생각을 해야 한다. 그리고 정말 나의 안전에 육체적으로, 정서적으로, 심리적으로 안전에 위협이 되는 환경이 있다면 벗어나야 한다. 예를 들어 폭력적인 배우자, 부모의 학대, 주거환경 등이다.

(2) 상황을 정확하게 인지해야 한다. 자신이 처한 상황이 객관적으로 자신을 위협하는 상황인지, 아닌지를 정확히 인지해야 한다.

(3) 안정감을 찾는 것이 중요하다. 위험을 감지했을 때 그 감정에 대해 의구심을 갖고, 스스로 안정감을 찾을 수 있는 간단한 말을 연습해야 한다. 예를 들어 진정하자, 천천히 생각하자, 긴장하지 말자, 위험하지 않다, 너무 예민하지 말자 등이다.

(4) 과거의 트라우마에서 벗어나야 한다. 트라우마가 있는 사람은 과거에 갇혀 있다. 과거의 아픈 기억, 상처, 공포에서 벗어나 현재의 삶을 바로 인식해야 한다. 자신의 말을 진지하게 경청하고, 공감해 주며 도움을 줄 수 있는 친구나 전문적인 상담치료를 받는 것도 중요하다.

4) 체념성의 분노

체념성 분노는 자신의 삶을 자기 스스로 결정할 수 없거나 중요한 상황에서 자신의 의지와는 상관없이 아무런 영향을 미칠 수 없다는 사실을 참기 힘들 때 일어난다. 이러한 분노는 하늘을 향해 삿대질하며 왜 내 아들을 데려갔냐고 신을 향해 절규하는 아버지의 분노처럼 자신이 아무것도 할 수 없다는 무력감에서 비롯된다. 체념성 분노는 서서히 쌓인다. 처음에는 화가 부글부글 끓다가 펄펄 끓는다. 그러다가 마음이 바짝 쫄게 되고 결국 속이 시커멓게 타 버린다. 자신의 삶과 시간, 먹는 것, 활동 등을 제한받는 청소년 보호시설, 노숙인 쉼터, 요양원이나 양로원에서 생활하는 아동, 청소년, 노인들에게서 흔히 볼 수 있다. 2008년 2월 10일 오후 8시 40분경 숭례문방화사건이 일어났다. 방화범은 경기도 고양시에 거주하던 채 모 씨로, 자신이 소유한 토지가 신축 아파트 건축부지로 수용되면서 토지보상에 대한 불만을 품고 범행을 벌였다. 국가에 대한 분노를 국가의 상징적인 국보 1호 숭례문에 방화를 저지른 것이다. 그는 화재가 발생한 지 23시간 만인 2월 11일에 강화군의 이혼한 전처 집에서 검거되었으며, 2008년 4월 25일 서울중앙지방법원에서 징역 10년형이 선고된 뒤 그해 10월 9일 대법원에서 10년형이 확정되었다. 이처럼 자신의 의지와는 상관없이 타인이나 권력에 의해 자신이 통제되고 대항할 수 없다는 무력감의 압박을 참을 수 없을 때 표출되는 분노이다.

분노심리와 성격 이해하고 다루기

① 체념성 분노의 특징

(1) 자신의 의지와는 상관없이 통제력을 잃었을 경우이다. 독립성이 강하고, 자기결정권, 사생활, 자제력을 중시하는 성향을 가진 사람에게서 많이 나타난다. 자신의 삶이 다른 사람의 영향에 달려 있다는 생각은 자신을 비참하게 만들기 때문이다.

(2) 자신이 남에게 육체적, 정신적, 감정적으로 심한 상처를 받았다고 생각한다.

(3) 자신이 처해 있는 무력감, 나약함, 절박함, 압도당한 느낌 등 상황을 바꿔 보려고 모든 방법을 시도하고, 노력했지만 아무것도 변하지 않으면 무력감을 느끼게 된다.

(4) 자신이 피해 입은 사람이라고 생각하고 상처를 준 사람에게 복수할 권리가 있다고 생각한다. 사람들에 대한 증오를 조용히 불태우고 있다. 자신은 더 이상 약하고 무력한 피해자가 아님을 행동으로 보여 준다.

② 체념성 분노의 대처방법

(1) 자신의 삶을 스스로 조절할 수 있고 선택할 수 있다는 생각과 자신감을 가져야 한다. 현실을 직시하고 받아들이며 가장 효과적인 방법을 생각해야 한다.

(2) 이 정도는 할 수 있겠지!, 이 정도는 하겠지!, 이 정도는 해 주겠지! 하는 헛된 기대를 하거나 의지하지 말아야 한다.

(3) 자신의 한계를 이해하고 수용해야 한다. 자신이 할 수 있는 일과 할 수 없는 일을 명확하게 구분하고 표현할 수 있어야 한다.

(4) 자신에게 상처나 모욕을 준 사람에 대한 증오심을 놓아야 한다. 상처나 모욕 같은 부정적인 감정을 계속해서 버리지 못하면 집착하게 된다. 집착은 부정적인 사건을 머릿속에 되풀이하여 떠올리기 때문에 돌발성 분노로 발전하기 쉽다.

5) 수치심의 분노

수치심은 거부되고, 조롱당하고, 노출되고, 다른 사람으로부터 존중받지 못한다는 고통스러운 정서이다. 여기에는 당혹스러움, 굴욕감, 치욕, 불명예 등이 포함된다. 수치심의 발생에는 초기에 누군가에게 보이고, 노출되고, 경멸받는 경험들이 중요한 역할을 한다(미국심리학회, 2002). 이처럼 수치심에서 오는 분노는 자신이 창피를 당했거나 비난을 당했거나 모욕을 당했다고 느꼈을 때, 일어나는 분노이다. 수치심은 자신이 어딘가 결함투성이고, 쓸모없는 존재라는 자기 확신이다. 즉, 자신이 추하고, 나약하고, 아무 가치 없는 존재이며, 사랑이나 존경받을 수 없는 존재이며, 외톨이이며, 자신의 인생이 실패작이라는 생각을 한다. 자신의 결함이 다른 사람들의 눈에 띌 거라는 두려움 때문에 자신의 이야기를 꺼려하고, 사람들을 일부러 피하기도 한다. 이는 누구나 싫어하는 상황이다. 하지만 상대방이 의도적으로 무시한 것도 아닌데 민감하게 반응을 하고, 자신을 무시하고 얕잡아 본다고 생각한다. 그래서 사람들은 수치심에 동반되는 열등감을 견디지 못하고 열등감을 차단하기 위해서 상대방을 경멸하고 공격하는 방식으로 폭력을 휘두르거나, 파괴적이며 의도적으로 비난하거나 모욕을 주는 경우가 있다(조영희, 2014). 비판이나 비난은 어떠한 일이나 상황에 대해서 결과와 성과만을 가지고 판단하기 때문에 일에 과정이나 상황에 대한 의도와 노력을 무시하거나 간과할 수 있다. 결과와 성과만을 중시하므로 수단과 방법을 가리지 않는 성공지상주의에 빠질 수 있고, 가치 판단의 기준이 자기중심적이므로 자기중심적 사고에 빠질 수 있다.

① 수치심 분노의 특징

(1) 사람들의 평가나 비판에 지나치게 민감하게 반응을 한다.

(2) 자신을 수치스럽게 만든 사람에게 욕설을 퍼붓는다.

분노심리와 성격 이해하고 다루기

(3) 자신을 수치스럽게 만든 사람에게 폭력적인 행동을 한다.

(4) 부끄러운 마음이 들면 화부터 낸다. 부끄러운 마음과 책망하는 마음의 교환이다. 다른 사람에게 수치심을 주어 자신의 수치심을 방어하는 것이다.

(5) 의사소통 능력이 떨어진다.

② 수치심 분노의 대처방법

(1) 수치심에서 비롯된 분노를 통제하겠다는 강한 의지가 필요하다. 자신을 합리화하지 않아야 한다.

(2) 자신이 경험한 수치심의 감정과 느낌을 객관적으로 정확히 인식해야 한다.

(3) 자신의 분노를 통해 수치심에서 벗어났는지를 생각해 봐야 한다. 수치심에 의한 분노는 결국 자신을 공격하는 것이다.

(4) 수치심의 감정에 대면해야 한다. 자신의 내면에 오랫동안 자리 잡은 수치심의 근원을 직면하고 이해와 수용의 자세가 필요하다.

(5) 자신에 대한 비합리적이고, 부정적인 생각을 합리적이고 긍정적인 생각으로 바꿔야 한다. 자신에 대한 객관적이고, 긍정적인 평가를 해야 한다.

(6) 다른 사람에 대한 인정과 존중을 해야 한다. 자신은 물론 모든 사람들은 존중받을 만한 존재이며, 존중해야 한다. 내가 먼저 상대방을 인정하고 존중하는 태도를 보여주면 상대방도 나를 인정하고 존중하는 태도를 취할 것이다.

(7) 상대방을 비판하지 말고 내가 먼저 칭찬해야 한다. 다른 사람을 비판하기보다는 칭찬하고, 단점보다는 장점을 찾는 것이다. 수치심 때문에 분노를 일으키는 사람은 자신의 수치심을 다른 사람에게 주고 싶어 한다. 다른 사람을 끊임없이 비판하는 것은 자신을 더 수용하고 존중받고 싶은 마음을 감추기 위한 행동이다.

6) 버림받음의 분노

버림받음에서 비롯된 분노는 버림받는 것, 배신, 냉대를 받을지 모른다는 두려움, 외로움, 초조함, 불안감 등을 잘 견디지 못할 때 발생하는 분노이다. 생존성 분노, 체념성 분노, 수치심에서 비롯된 분노, 버림받음에서 비롯된 분노는 자신에게 반드시 필요하다고 인식되는 것을 얻기 위한 싸움이다. 버림받음에서 비롯된 분노는 어린 시절부터 시작된다. 존 보울비(John Bowlby, 1969)는 '애착과 상실'이라는 저서에서 애착이론(attachment theory)이 인간관계의 장기적 근본 원인이라고 설명하였다. 영아가 정상적인 감정, 사회적 발달을 위해서는 하나 이상의 주 보호자(primary caregiver)와 관계를 형성해야 한다는 것이다. 아기는 친숙한 애착대상을 하나의 안전기지로 이용하기 시작하여 안전기지를 토대로 주변을 탐험했다가 돌아오는 과정을 반복한다. 부모의 반응이 이 시기 애착의 형태를 결정하는 데 영향을 미치고, 이 애착 형태는 아기의 지각, 감정 및 향후 관계에 대한 생각과 기대에도 영향을 미치게 된다(Bretherton I. Munholland KA, 1999). 이처럼 애착은 부모 또는 양육자와의 관계에서 형성되며 부모와의 관계에서 애착(attachment)이라는 심리적 유대감을 형성하게 되고 이는 향후 우리가 맺는 많은 관계형성 과정에서 중요한 밑바탕이 된다.

① 버림받음에서 비롯된 분노의 특징

(1) 자신의 신체적인 안전을 지키기 위해서이다. 어린 시절 부모, 양육자의 결핍, 정서적, 심리적 안정감이 불안전한 환경 속에서 성장하였을 경우 버림받음에서 비롯된 분노감정을 갖게 된다.

(2) 질투가 심하다. 자신이 사회의 구성원으로서 존중받고 중요한 역할을 하고픈 욕구가 있다.

(3) 과거에 자신이 믿고 의지해야 할 대상에게 버림받았거나 배신당했던 상처가 있는 사람들이 많다.

(4) 자신을 아끼고 사랑하는 사람에게 속하고 싶은 욕구이다. 자신이 사랑하고 필요로 하는 사람에게 버림받을지 모른다는 생각에 불안해한다.

(5) 의심이 많고 거절에 대한 두려움이 있다. 대인관계에서 거절에 대한 두려움 때문에 깊은 관계를 맺으려 하지 않지만 결국 빠지게 되고 의심하고 불안한 관계를 이어간다.

② 버림받음에서 비롯된 분노 대처방법

(1) 분노의 패턴을 잘 살펴 주의해야 한다. 버림받음의 분노는 분노의 대상이 배우자, 부모, 형제, 자식, 친한 친구 등 자기가 사랑하고 필요한 대상에게 일어난다. 그러므로 자신의 분노 패턴을 잘 살펴본 후 어떤 사람에게 주의해야 할지를 파악해야 한다.

(2) 의심, 질투심, 불안 두려움에서 올라오는 분노를 막기 위해서 최선을 다해야한다. 근본적인 불안감은 의심에서 어리석은 비난으로 변하여 결국 버림받음에서 비롯된 분노로 발전한다. 치유의 과정에는 진실함이 있다. 자기 안에 있는 모든 용기, 굳은 결의, 믿음, 신뢰, 신념을 모아 분노를 부추기는 의심과 불신을 믿음과 신뢰로 바꿔야 한다.

(3) 자신이 사랑받고 있으며 필요한 존재라는 상대방의 사랑과 확신을 받아드려야 한다. 의심의 안개는 쉽게 걷히지 않는다. 하지만 용기를 잃지 말고 상대방의 진심을 받아들이는 법을 배워야 한다.

(4) 과거의 상처에서 벗어나야 한다. 어린 시절 받은 오래된 상처가 가장 고통스러운 경우가 많다. 과거 자신의 상처는 자신이 선택할 수 없는 상황이었다면 현재는 자신 스스로 선택하고 바꿀 수가 있다. 그리고 주변에 믿고 신뢰할 수

있는 사람들이 있다는 사실을 기억해야 한다.

(5) 과거에 자신을 거부하고 버렸던 사람들, 배신하고 냉대했던 사람들을 용서해
야 한다. 세상에는 악과 선이 절대적인 사람은 없다. 그들과 좋았던 기억들을
생각하고 추억해야 한다.

분노심리와 성격 이해하고 다루기

6장

분노와 자아존중감

　지금까지 분노의 반응, 진전속도, 행동방식에 따라 표출되는 분노의 양상에 대해서 살펴보았다. 분노는 개인에 따라 감정, 반응, 표현, 행동이 다르다는 것을 알 수 있었다. 즉 분노를 인식하고 반응하는 데 차이가 있고, 분노 안에 내재 되어 있는 핵심감정도 개인마다 다르다는 것을 알 수 있다. 하지만 그동안 분노심리 역동성 검사를 통해 임상적으로 아주 의미 있는 결과가 나왔다. 분노와 자아존중감 사이에 아주 밀접한 연관성이 있었다. 대체로 체념성 분노, 수치심의 분노, 버림받음의 분노가 높은 사람은 자아존중감이 낮았고, 그로 인해 상황인식과 대인관계에서 갈등 상황을 부정적으로 인식하고 쉽게 분노감에 휩싸이며, 감정적으로 표현하거나 분노의 행동화 가능성이 높다. 즉 자아존중감이 분노감정에 많은 영향을 주고 있다.

　자아존중감(self-esteem)이란 자신에 대한 긍정적인 인식반응이다. 자신을 존중하고 사랑받을 만한 가치가 있는 소중한 존재로 인식한다. 어떠한 상황에서도 자신감을 잃지 않고 자신이 성과를 이루어낼 만한 유능한 사람이라고 믿는 마음이다(박성환, 2011). 자신 스스로 가치 있는 존재임을 인식하고, 인생의 역경에 맞서 이겨낼 수 있는 능력을 믿고 자신의 노력에 따라 삶에서 성취를 이뤄낼 수 있다는 일종의 자기 확신이다. 이 용어는 미국의 의사이자 철학자인 윌리엄 제임스(William James)가 1890년대에 처음 사용하였다(윤대현, 2011). 자아존중감은 자신의 정체성을 확립하고 유지하는 데도 중요하다. 자아존중감이 있는 사람은 정체성을 제대로 확립할 수 있고, 정체성이 제대로 확립된 사람은 자아존중감을 가질 수 있다(김경태, 2014). 자아존중감은 객관적이고 중립적인 판단이라기보다 주관적인 느낌이며, 자존감이라고도 부른다. 자존감이라는 개념은 자존심과 혼동되어 쓰이는 경우가 있다. 자존감과 자존심은 자신의 생각, 평가, 행동이며 사랑하는 마음의 긍정이라는 공통점이 있지만, 자존감은 자신의 있는 그대로의 모습에 대한 긍정을 뜻하고 자존심은 타인과 경쟁 속에서의 긍정을 뜻하는 차이가 있다.

자존감은 자신의 실체를 있는 그대로 존중하고, 신뢰하며, 아껴 주고, 사랑하며, 받아들이는 에너지 또는 긍정성의 심리상태를 말한다. 자신에 대한 믿음과 사랑, 확신이다. 결코, 자신을 배신하거나 도망갈 일이 없다. 자존감은 자신이 스스로 지키려 노력할수록 마음이 강하고, 건강하게, 활력을 만들어 준다. 하지만 자존감이 낮은 사람은 늘 자신에 대해서 낮은 평가, 부정적인 생각, 낮은 자신감을 갖고 있다. 자신을 신뢰하지 않는다. 타인의 평가에 예민하고 인정받으려는 데 관심이 많다. 자존감이 자신을 존중하는 마음이라면, 자존심은 남에게 인정받기 위한 마음이다. 그래서 남에게 약한 모습을 보이지 않으려 하고, 남에게 실수하지 않으려고 노력한다. 그래서 자존감이 낮은 사람은 타인의 평가에 예민하게 반응하고 화를 잘 낸다. 사실 마음이 강한 사람이 아니라 마음이 약하기 때문에 스스로 강한 척하는 심리이다. 자존감이 낮은 사람의 일상생활에서의 행동 및 반응을 살펴보면 다음과 같다.

분노심리와 성격 이해하고 다루기

A. 눈치를 잘 살피며, 타인의 평가에 민감하다.

B. 외모, 학벌, 명예 등에 집착하며, 가능한 자신을 더욱 포장하려 한다.

C. 자신을 신뢰하지 않고 자신을 비난하거나 질책한다.

D. 타인의 의해서 자신의 행복이 결정되는 것처럼 착각한다.

E. 자기 확신이 부족하여 자신의 실수나 단점에 대해 너그럽지 못하다.

F. 자신이 좋아하는 일이나 즐거운 일을 주도적으로 못한다.

G. 자존심이 강한 것을 좋은 것처럼 생각한다.

H. 겉으로는 강한 척하지만 속은 약한 심리를 갖고 있다.

I. 타인의 실수나 단점에 대해서 관대하지 못하고 자주 비판하거나 지적한다.

J. 작은 일에도 쉽게 짜증을 내거나 화를 낸다.

자존감이 낮은 사람은 대부분 자신이 무엇인가? 부족해서 자존감이 낮다고 생각한다. 외모 때문에, 학벌 때문에, 경제적인 이유에서, 권력과 명예가 없어서 자존감이 낮다고 생각한다. 하지만 그렇지 않다. 외모가 출중한 영화배우도, 학식이 높은 대학교수도, 대기업 회장도, 유명한 분들도, 자존감이 낮은 분들이 많다. 그로 인해 자신의 삶을 스스로 포기하는 사람도 많다. 건강한 자존감 형성은 성장기 아동과 청소년들에게는 성격형성보다 아주 더 중요하다. 아동·청소년기에 낮은 자존감 형성은 성인이 되어서도 쉽게 극복되지 않는다. 부모나 양육자로부터 사랑, 인정, 칭찬, 격려, 위로 등을 적절하게 받으며 성장하지 못하면 자연스럽게 자아존중감이 낮게 형성이 된다. 어려서부터 부모와 타인들에게 칭찬, 인정, 사랑을 받기 위해 항상 최선을 다하게 된다. 자신보다는 타인을 의식하며 자존심으로 자신을 보호하며 성장하게 되는 것이다.

자존심은 타인의 평가와 관련되어 나를 평가하는 마음이다. 타인을 의식하고 눈치를 살핀다. 남의 평가가 중요하다고 생각한다. 자신을 지키기 위해서 자존심을 강화한다. 세상을 바라보는 시각도 부정적이다. 자존심은 남과 경쟁을 통해 얻는 에너지 또는 긍정적인 측면이 있다. 그래서 자존심은 늘 남과 경쟁을 해야 한다. 패할 경우 끝이 없는 깊은 곳으로 곤두박질치기도 한다. 자존심을 지키려 노력할수록 우리의 마음을 예민하고 약하게 만들어 인간관계에서 갈등상황을 만들고 때론 분노를 표출하게 된다. 내 마음이 강하고 자신을 존중하는 마음이 있다면 갈등상황을 지혜롭게, 대수롭지 않게 넘어갈 수 있다. 화라는 것은 불안과 두려움의 마지막 언어적 표현이나 행동이다. 화를 자주 내는 사람은 마음이 그만큼 약하다는 것이다. 마음이 강해서 화를 내는 것이 아니다. 말이 많거나 자주 화를 내는 사람은 실제로 무서운 사람이 아니다. 편안하고 부드럽고 유연한 사람이 사실은 더 무서운 법이다. 편안하고 부드럽고 유연한 사람이 좋은 마음을 가지고 있으면 사회에 이롭지만, 그러한 사람이 자기 욕심을 부리면 아주 무서운 사람이 될 확률이 높다. 결국 자존심이 세다는 말은 반대로 자존감이 낮다는 말이다. 자존감이 낮은 사람 안에는 상처, 열등감, 애정결핍 등이 있을 수 있다. 그러므로 상처를 주는 말, 나를 좌절시키는 말, 절망시키는 말은 하지 말아야 한다. 그 반대로 자존감이 낮은 사람에게는 힘을 주는 말해야 한다. 자신의 삶을 긍정적으로 계획하고 비전을 갖도록 해야 한다. 희망으로 이끄는 말을 해야 한다. 시작은 가정에서부터이다. 가정에서 부부간에, 부모와 자녀 간에, 형제간에 서로의 자존감을 높일 수 있도록 해야 한다. 자존감을 높이기 위해 서로에게 긍정적인 영향력을 주는 생활 실천은 다음과 같다.

1) 칭찬과 인정

인간은 서로 다른 인격체이다. 성격이라는 체계 안에서 서로의 다름을 나타내며 자신만의 세계 안에서 살아간다. 서로의 다름을 인정하는 것이 중요하다. 다름 안에서 개인의 장점을 칭찬해야 한다. 가능한 긍정적인 부분을 보려고 노력해야 한다. 특히 남녀가 만나 사랑을 하고, 결혼이라는 가족체계를 이루어 살아가면서 많은 갈등이 시작된다. 결혼 전에는 장점이 크게 보이지만 결혼 후 같이 살면서 단점이 보이기 시작하고 단점이 장점보다 더 크게 느껴지게 되면서 갈등은 시작된다. 서로를 인정하지 않고 지적하고 비난하기 시작한다. 작은 일이라도 서로가 잘하는 부분에 있어서는 칭찬을 해야 한다. 칭찬은 상대방을 인정하는 것이다. 실수하거나 다름이 불편하게 느껴지면 격려와 인정으로 서로가 조력자와 위로자가 되어야 한다. 칭찬과 인정은 어릴 때만 필요한 것이 아니라 평생 필요하다. 부모가 자녀에게 주는 사랑과 인정도 자녀의 자존감을 높게 형성하는 아주 중요한 영향을 준다. 칭찬의 긍정성에 관한 로젠탈 효과(Rosenthal effect)라는 것이 있다. 로젠탈 효과는 타인이 나를 존중하고 나에게 긍정적인 기대를 하고 있으면 그 기대에 부응하는 쪽으로 변하려고 노력하여 실제로 그렇게 되는 현상을 말한다.

하버드 대학교의 심리학과 로젠탈(Rosenthal, 1968) 교수는 교사의 칭찬과 기대 효과가 학생들의 학업 성취도에 미치는 영향을 알아보는 실험을 했다. 샌프란시스코 초등학교에서 무작위로 뽑은 20% 아이들을 교사 집단에게 명단을 주고 그 명단의 아이들은 지능지수가 높기 때문에 공부를 잘할 것이라는 믿음을 심어 주었다. 하지만 실제로 무작위로 선정된 아이들이기 때문에 비교집단에 비해 지능지수가 더 높지는 않았다. 교사들은 그 명단에 있는 아이들이 우수한 학생이라고 믿고, 학생들을 그렇게 대우했고, 8개월 후 그 결과 실제로 그 명단에 속한 아이들의 성적이 다른 학생에 비해 월등하게 향상되었다고 한다. 교사의 격려와 인정, 칭찬이 아이들에게 자신감을 주고 자신의 성공에 대한 신뢰감과 확신을 주었던 것이다. 한 집단의 아이들에게는 인정과 칭찬의 언어를 또 다른 한 집단은 비관적이며 무시하는 경향의 언어를 사용하는 실험을 했다. 실험 종료 후 두 집단의 능력을 비교한 결과 인정과 기대, 칭찬하는 분위기 속에서 교육받은 아이들은 그렇지 못한 아이들에 비해 어휘와 지적 능력이 훨씬 더 향상된 것으로 나타났다. 선생님의 기대 심리와 학생의 부응 심리가 서로 맞물리면서 상승효과를 나타냈다. 실험을 통해 칭찬이 얼마나 아이들의 인성과 학습에 중요한지를 보여주고 있다.

칭찬은 다음과 같은 긍정적인 효과를 만들어 낸다. 첫째, 자신의 장점을 통해 성장한다. 칭찬받는 기쁨을 느낀 아이는 자신의 능력을 인정하게 되고 더 열심히 하려는 도전의식을 갖게 한다. 자신의 장점과 재능을 키워나가며 성장한다. 둘째, 높은 자아존중감과 자신감을 갖게 된다. 칭찬은 아이에게 할 수 있다는 긍정적인 가치관을 자연스럽게 형성하게 한다. 긍정적인 가치관은 자아존중감을 높여 어려운 일에 부디 쳤을 때도 포기하지 않고 한번 해보자는 자신감과 용기를 갖게 만든다. 반대로 약점이나 결점을 자주 지적받는 아이는 자신에 대한 자아존중감이 낮기 때문에 쉽게 의기소침해지고 자신감을 잃어 부정적이며 성취의욕도 떨어진다. 셋째, 좋은 습관을 갖게 한다. 아이가 어떤 행동에 칭찬을 받으면 앞으로 그렇게 행동하는 것이 바람직하다는 것을 스스로 알게 되고 의욕이 생겨 좋은 생각과 행동을 하기 때문에 좋은 습관을 들이는 데 도움이 된다. 넷째, 타인을 인정할 줄 알게 된다. 칭찬을 받고 자란 아이는 타인과 신뢰감이 형성되어 주의 사람들에게 호의적이고 타인을 칭찬할 수 있다. 하지만 부정적인 칭찬은 오히려 성장과 성숙에 부정적인 영향을 줄 수 있다. 즉 부정적인 칭찬은 긍정적인 결과를 가져오는 것이 아니라 오히려 해로운 결과를 가져올 수 있다. 부정적인 칭찬을 멈추고 올바른 칭찬법을 사용함으로써 가정과 직장에서 긍정적인 변화를 가져올 수 있다.

부정적인 칭찬은 우리가 흔히 사용하거나, 자주 들었던 칭찬이다. "역시 자네밖에 없어!" "최고야, 역시 똑똑해!" "해 낼 줄 알았어, 정말 잘했어!" 대충 이런 얘기들

분노심리와 성격 이해하고 다루기

이 떠오를 것이다. 이런 칭찬의 공통점은 결과에 대한 피드백이다. 이런 칭찬은 우리가 몰랐던 2개의 문제가 숨어 있다. 첫째는 결과에 대한 칭찬을 들으면 사람은 뿌듯함을 느끼지만 한편으로는 부담감을 느낀다. 이미 보여준 결과를 다시 한 번 보여줘야만 한다는 부담감이다. 이러한 상대의 기대치를 만족시키기 위한 선택은 결과에 대한 집착을 가져온다. 이런 모습이 단적으로 드러나는 것이 부정행위이다. 시험에서 70점을 받아 오면 혼을 내다가, 운이 좋아 100점을 받은 아이에게 부모가 '와! 100점 받았네? 정말 잘했어, 우리 딸, 우리 아들, 최고야!'라는 칭찬을 한다. 아이는 다음 시험에서도 100점을 받아야 칭찬을 듣는다는 걸 생각한다. 아이는 부정한 방법을 써서라도 좋은 점수를 받아야 한다는 생각에 집착을 한다. 결과에 대한 보상만을 약속하는 교육 방식이 위험한 이유다. 둘째는 도전적인 목표를 세우지 않는다. EBS에서 초등학생을 대상으로 이런 실험을 한 적이 있다. 한 학생에게 수학 문제를 풀게 한다. 그 모습을 보며 선생님이 계속 칭찬을 한다. "너 정말 똑똑하구나!" "이렇게 빨리 풀다니, 천재인데?" 아이는 뿌듯해하며 계속 문제를 푼다. 잠시 후, 선생님이 바뀌고 다른 선생님이 이렇게 묻는다. "아까 풀었던 것보다 조금 어려운 문제를 풀어 볼래, 아니면 비슷한 문제를 한 번 더 풀어 볼래?" 아이의 답은 어땠을까? 슬프게도 모두 비슷한 문제를 선택했다. 이유는 괜히 어려운 것에 도전했다가 자신을 천재라고 추켜세워 준 선생님을 실망시킬지 모른다는 생각을 하기 때문이다(EBS 다큐프라임, 2015). 결과 중심의 잘못된 칭찬은 아이들에게 부담감을 주고 상대의 기대치를 만족시키기 위한 선택은 결과에 대한 집착과 도전적인 목표를 세우는 것도 가로막는다.

그럼 올바른 칭찬은 어떻게 해야 할까? 첫째는 결과가 아닌 과정 중심의 칭찬이다. 예를 들어 반에서 30등 정도를 하던 아이가 성적이 상승하였다. 시험 기간 동안 주말에도 놀지도 않고 오랜 시간 공부를 해서 10등이나 올라 20등을 하게 됐다.

"잘했어. 이거 봐 너도 하니까 되잖아." "이번 시험 준비한다고 주말에도 열심히 하더니, 좋은 결과가 나왔네?" 이렇게 상대가 한 행동과 과정에 대해 언급하는 게 좋은 칭찬이다. 시험 점수는 결과일 뿐이다. 노력한 것에 대해 인정을 받을 때, 다음 번에도 이렇게 열심히 해서 또 칭찬을 받아야지라는 기대를 가질 수 있다. 둘째는 행동으로 인한 긍정적인 영향력을 설명해 주는 것이다. 예를 들어 갑자기 휴가를 가게 된 동료의 일을 기꺼이 도와준 박 대리에게 "고생했어, 역시 박 대리밖에 없어."라고 하는 건 단순한 결과를 얘기하는 것이기 때문에 좋은 칭찬은 아니다. 좋은 칭찬은 그 행동이 끼친 영향에 대해서까지 말하는 것이다. 즉 "박대리 덕분에 우리 팀이 서로 도와주는 분위기가 만들어진 것 같아."라고 결과가 아닌 과정 중심의 칭찬을 해 주는 것이다. 과정 중심의 칭찬은 열심히 해서 또 칭찬을 받아야지라는 기대를 가질 수 있게 하고, 행동이 끼친 긍정적인 영향으로 조직과 공동체를 건강하게 만든다.

하지만 칭찬의 긍정성을 이야기하면 자주 말하는 반발성 질문을 하는 사람들도 있다. 도저히 칭찬할 것이 없는데 어떻게 칭찬을 하느냐고 말한다. 칭찬할 것이 있으면 나도 남들처럼 칭찬하면서 행복하게 살지 이렇게 살겠느냐는 말을 한다. 그러나 칭찬에 대한 중요한 사실을 간과하고 있다. 가정은 직장도 아니고 학교도 아니다. 직장과 학교는 칭찬을 보상의 수단으로 한다. 하지만 가정에서의 칭찬은 애정의 수단이다. 사랑과 관심을 표현하는 것이다. 직장에서는 칭찬을 받을 사람이 있고 못 받을 사람이 있다. 하지만 가정은 모든 가족이 칭찬의 대상이다. 가정에서 심리적, 정서적인 양식을 받아야 하는 것이다. 사람은 누구나 장점과 단점을 가지고 있다. 자신도 마찬가지라는 사실을 인식해야 한다. 가능하면 상대방의 긍정적인 부분을 보도록 노력해야 한다. 칭찬의 안경을 쓰고 보면 긍정적인 모습이 보이고 칭찬을 할 수 있지만 비난의 안경을 쓰고 보면 부정적인 모습만 보이고 비난

분노심리와 성격 이해하고 다루기

하거나 인정하지 않게 된다. 칭찬의 안경을 쓰고 보려는 노력을 해야 한다. 그러지 않으면 자기도 모르게, 무심코, 엉겁결에, 무의식적으로 비난의 안경을 사용하게 된다. 그럼 서로에게 상처, 원망, 비난, 지적하게 되고 성장과 성숙을 방해하는 원인이 된다. 서로에게 부정적인 영향을 주는 것이다.

2) 좋은 점을 배우고 닮으려 노력

좋은 점을 배우고 닮으려 노력해야 한다. 결혼 전에는 내가 부족하거나 없는 부분에서 상대방에게 매력을 느끼고 사랑에 빠진다. 하지만 결혼 후 점점 나와 다른 점이 불편하게 느껴지기 시작하고 갈등하게 된다. 상대방의 부지런하고 계획성 있는 모습에서 자신의 부족함을 채우고 도움을 받고 싶었지만 시간이 지나면서 오히려 나를 귀찮게 하고 힘들게 하는 원인이 되면서 장점이 아니라 갈등의 원인이 된다. 상대방의 장점을 자신의 이해관계 속에서 이용하려고 했던 자기중심적 생각에서 벗어나야 한다. 상대방의 장점을 이해하고 배우려는 마음을 가져야 한다. 그래야 자신의 단점을 극복하고 성장할 수 있다. 또한 부모는 자녀의 거울이다. 부모를 따라하며 배운다. 자녀가 건강하게 성장하기를 원한다면 가정에서 부모가 먼저 삶에 본이 되어야 한다. 역기능가정에서 성장한 아이들의 경우 청소년기는 물론 성인이 되어서도 인간관계 및 사회활동, 성장에 부정적인 영향을 미치는 경우가 많다. 무엇보다도 먼저 가정 안에서 사회화학습이 되어야 한다. 좋은 점, 배울 점, 장점을 배우자를 통해서 부모를 통해서 학습할 수 있도록 서로가 노력해야 한다.

3) 자기효능감

자기효능감은 어떤 상황에서도 본인 스스로 적절한 행동을 할 수 있다는 기대와 신념이다. 즉 자신에게 주어진 과제를 끝마치고 목표에 도달할 수 있다는 자신의 능력에 대한 스스로의 믿음과 평가이다. 낮은 자기효능감은 과제가 실제보다 더 어렵다고 믿게 만들 수 있다. 따라서 과제 계획을 잘 못하게 하고, 스트레스를 증가시킬 수 있다. 반대로 자기효능감이 높은 사람들은 과제 계획을 잘 세우고 어려움이 있을 때 더 많은 노력을 하게 된다. 자신의 실패를 외부 요인으로 생각한다. 반면, 자기효능감이 낮은 사람들은 자신이 능력이 없다고 생각한다.

일상생활에서 학습하는 사회학습으로 자기효능감을 설명한 대표적인 학자는 앨버트 반두라(Albert Bandura)이다. 반두라의 사회학습이론은 인간의 행동은 학습되어 진다고 말한다. 인간의 발달단계, 행동특성이 자신이 처해 있는 환경과 그 환경에 대한 인식에 의해 결정된다고 보는 견해이다. 사회학습이론을 근거로 자기효능감이 높은 사람들은 자신이 자신의 삶을 통제하고 있고, 자신의 행동과 선택이 자신의 삶을 결정한다고 믿는다. 반면 자기효능감이 낮은 사람들은 자신의 삶이 자신의 통제 밖에 있다고 생각한다고 했다. 반두라는 자기효능감에 영향을 주는 네 가지 요인을 다음과 같이 설명하였다.

① 활동적 성취와 경험

경험은 자기효능감을 결정하는 가장 중요한 요인이다. 성공은 자기효능감을 높이고, 실패는 낮춘다. 자신의 경험과 성취에 대한 진심 어리고 일관적인 인정으로부터 자신감을 얻을 수 있다. 부모는 어려서부터 다양한 경험을 할 수 있도록 교육환경을 제공해야 한다. 부모의 걱정과 불안감으로 아이들의 활동을 제한하게 되면 아이들의 건강한 발달과 성장을 오히려 방해하는 원인이 된다. 친구 사귐, 여행, 운동, 취미 등의 다양한 경험을 통해 자신의 성취감과 자신감을 갖도록 해야 한다.

분노심리와 성격 이해하고 다루기

② 모델링 또는 간접 경험

'저 사람들이 할 수 있다면 나도 할 수 있겠다.'라는 식의 경험이다. 다른 사람이 성공하는 것을 보면서 자신의 자기효능감이 높아진다. 특히 대상이나 상황이 자신이 유사하다고 여길 때 더 긍정적인 효과를 준다. 직접 경험만큼 영향이 크지는 않지만, 간접 경험은 성공사례를 통해 자신에 대한 확신이 부족한 사람에게 자신감을 줄 수 있다.

③ 사회적 설득

사회적 설득은 타인의 격려와 칭찬이다. 우리는 사회라는 공동체 안에서 서로가 영향을 주며 살아간다. 타인의 격려와 칭찬은 나를 인식하고 평가하는 데 아주 중요한 요소이다. 자신에 대한 사회적인 부정적 평가는 자기효능감에 많은 부정적인 영향을 준다. 그러므로 적절하게 타인의 격려와 칭찬을 통해 긍정적인 자기효능감을 증진시킬 수 있는 노력이 필요하다.

④ 생물학적 요인들

스트레스 상황에서 사람들은 주로 긴장, 떨림, 통증, 피로, 공포, 구토감 등을 나타낸다. 이러한 생리적인 반응들을 어떻게 인식하느냐에 따라 자기효능감을 크게 영향을 준다. 예를 들어 많은 사람들 앞에서 강의 전에 몸의 긴장을 느끼는 경우 자기효능감이 낮은 사람에게는 자신의 능력이 부족하다는 것으로 인식할 것이고 그 결과 자기효능감이 더 낮아질 것이다. 반면 자기효능감이 높은 사람들은 생리적 증상들을 경험의 부족으로 느끼며 정상적이고 능력과 무관한 것으로 인식할 것이다. 즉 생리적인 반응 자체보다는 그 반응들의 함의에 대한 자신의 인식과 신념이 자기효능감에 영향을 미치는 것이다.

자기효능감을 높이기 위해서는 자신의 부족한 경험을 간접 경험으로 나도 할 수 있다는 자신감을 갖고 작은 목표를 세우고 성공하는 경험을 가져야 한다. 반복적인 도전과 성공을 통해 얻어지는 성취감으로 자신감을 높이는 것이다. 자기 신뢰가 반복된 성공을 통해 얻어지는 경험이다. 가령 실패하더라도 실패로 끝나는 것이 아니라 경험으로 인식하는 긍정적인 생각의 전환도 필요하다. 발명왕 에디슨(Edison)은 전구를 발명하면서 1000번의 실패를 하고서야 전구를 발명했다고 한다. 한 기자가 에디슨에게 '당신은 어떻게 1000번의 실패를 이겨내고 전구를 발명할 수 있었나요?' 하고 질문을 했다고 한다. 그러자 에디슨은 '무슨 말이요. 나는 실패한 적이 없습니다. 나는 1000번을 실패한 것이 아니고 1000번의 안 되는 방법을 배웠습니다.'라고 대답했다고 한다. 경험은 성공과 실패가 아니다. 경험은 자신을 성장시키는 에너지임을 생각해야 한다. 가까운 것부터, 작은 것부터 목표를 세우고 성공하는 경험을 통해 성취감을 느끼고 자신감을 높여 나가야 한다. 그래야 자기효능감을 높일 수 있다(심리학용어사전, 2014).

4) 자신에 대한 긍정적 인식

자신에 대한 긍정적인 인식이 필요하다. 타인의 평가와 인정을 통해 자신을 인식하는 것이 아니다. 타인의 시선을 의식하지 않고 본인 스스로 자신의 가치감을 높여야 한다. 그러기 위해서 첫째는 자신에 대한 사랑이 필요하다. 사랑의 시작은 나로부터 시작되어야 한다. 자신을 사랑하는 만큼 타인을 사랑할 수 있다. 자신을 사랑하는 마음이 적으면 적을수록 타인에 대한 사랑도 적을 수밖에 없다. 둘째는 자신에 대한 신뢰이다. 누구보다도 먼저 자기 자신이 자신에 대한 신뢰를 가져야 한다. 내가 나를 믿지 못하고 신뢰하지 않는데 다른 사람이 먼저 해 줄 수 없기 때문이다. 세 번째는 자신에 대한 앎이다. 즉 자신에 대한 이해와 수용이 필요하다.

사람은 누구나 장점과 단점을 같이 가지고 있다. 자신이 잘하는 것에 대해서는 자신감을 가지고 능력을 발휘해야 한다. 그리고 자신이 부족한 것은 인정하고 성장하도록 발전하도록 노력하는 것이다. 열등감 극복해야 한다. 심리학자인 아들러(Adler)는 열등감을 자신을 성장시킬 수 있는 긍정적인 에너지라고 말했다. 자신이 부족하다는 것을 알았다면 그 부족함을 극복하기 위해서 자신이 할 수 있는 최선의 노력을 해야 한다는 것이다. 열등감을 극복하는 만큼 성장하는 것이다. 그리고 자신을 당당하게 솔직하게 표현하는 것이 중요하다. 내가 가진 것을 가졌다 말하고, 없는 것을 없다고 말하고, 아는 것을 안다고 말하고, 모르는 것을 모른다고 당당하게 말해야 한다. 자신에 대한 이해와 수용 그리고 인정하는 것이 중요하다. 이처럼 분노감이 자아존중감과 아주 밀접하게 연관성이 있고, 낮은 자아존중감은 일상생활과 대인관계에서 심리·정서적으로 안정감에 부정적인 영향을 줄 수 있다. 그렇다면 자신의 낮은 자아존중감을 자신에 대한 이해와 통찰, 인식의 전환, 교육과 훈련을 통해 높인다면 심리·정서적으로 안정감을 유지할 수 있고, 자신에게 주어진 삶을 지혜롭게 잘 대처할 수 있다. 건강한 자아존중감 향상을 통해 더 건강하고 행복한 삶을 만들어 나갈 수 있다.

7장
분노와 정신장애

　심리학자인 존 레이테이(John J. Ratey)는 평범한 사람들 중 다섯 명 가운데 한 명이 통제 불가능한 분노를 경험한다고 한다. 전체 인구의 20%가 주기적으로 분노를 표출하고 있는 것이다. 전제 인구의 20%가 상습적으로 살인을 저지를 만큼 심각한 분노를 보인다는 것은 아니지만 이는 곧 많은 사람들이 때때로 분노를 참지 못해 나중에 후회할 말이나 행동을 하고 있음을 말해 주고 있다. 미국 사람들은 보통 일주일에 한두 번 분노를 표출하는데, 가정에서 부모들은 일주일에 평균 다섯 번은 자식들에게 고함치거나 언성을 높일 만큼 화를 낸다고 한다. 이는 미국 통계지만 우리나라도 마찬가지이다. 세계 대학생의 감정을 연구한 자료를 보면, 각국 사람들의 감정이 크게 다르지 않다고 나온다. 분노는 이미 미국 사회뿐만 아니라 다른 많은 나라 사람들이 안고 있는 중대한 문제인 것이다. 분노 중에서도 비정상적으로 과도하게 분노를 표출되는 '파괴적, 충동통제 및 품행장애'에는 정서와 행동에 대한 자기통제의 문제를 나타내는 다양한 장애를 포함하고 있다.

1) 분노조절장애

분노조절장애의 의학적 진단명은 외상 후 격분장애이다. 외상 후 격분장애는 정신적 고통이나 충격 이후에 부당함, 모멸감, 좌절감, 무력감 등이 지속적으로 빈번히 나타나는 부적응 반응의 한 형태이다. 즉 자신이 부당한 대우를 받았다는 믿음에 근거한 증오와 분노의 감정 상태가 오랫동안 지속되거나 아주 특정한 정신적인 트라우마 이후에 지속적으로 분노와 모멸감이 생기는 장애를 말한다. 많은 스트레스에 장시간 노출되거나 가슴속에 화가 많이 쌓이게 되면 분노가 잠재되어 있다가 감정을 자극하는 상황이 되면서 화가 폭발하는 것이다. 특히 성장 과정에서 정신적인 외상이 있을 경우 분노조절이 더 안 되는 경우가 있다. 외상 후 격분장애는 독일 정신병리학자인 미하엘 린덴(Dr. Linden)이 독일의 통일 이후 독일 사람들이 겪은 심리이상 현상들을 정리하여 외상 후 격분장애라(PTED)는 질환명으로 정의하였다. 독일 통일 이후 구 동독인들에 집중적으로 발생하는 정신적인 고통을 접하게 된다. 1990년 독일 통일 이후 시간이 흐르면서 구 동독인들이 서독의 경제적, 문화적 격차를 직시하게 되면서 많은 동독인들이 좌절과 모욕감 등 정신적인 고통을 겪게 되었고, 이러한 증상들이 기존의 우울증과는 구분되면서 외상 후 격분장애(PTED)라는 용어가 등장하게 된 것이다. 현대 사회에서 외상 후 격분장애(PTED)가 증가하고 있다. 직장에서나 가정에서의 갈등, 심각한 질병, 분리의 경험 등과 같은 일을 겪고 난 후 그에 대해 불공정하다고 매우 심하게 느끼거나 그 일을 떠올릴 때마다 울분, 분노, 무기력감 등을 나타내는 것들도 외상 후 격분장애(PTED)라 할 수 있다. 특히 경제가 빠르게 성장하고 있는 중국과 인도 등지에서 빈부격차가 갈수록 심화되고 있어 외상 후 격분장애(PTED)가 우려된다는 지적도 나오고 있다.

운전 중 다툼이 일어나 도로 위에서 시비를 가리는 경우를 종종 본다. 이제는 시비를 가리는 것을 넘어 차로 진로를 가로막는가 하면 폭력으로 이어져 생명까지 위협받고 있다. 이처럼 도로 위에서의 화를 내는 사람들의 모습은 직장과 가정에서 다른 것처럼 화내는 모습도 많이 다르다. 노상격노(road rage)란 말은 도로에서 차를 운전할 때 느끼는 분노를 의미한다. rage는 감정을 통제할 힘을 상실했다는 의미를 가지고 있으며, 종종 일시적인 정신착란을 의미하기도 한다. 운전자들끼리 다투는 모습이 보통 분노(anger)가 아닌, 통제가 어려운 비정상적으로 과도한 분노라는 것을 표현한 것이다(최현석, 2012). 도로에서 싸움을 걸어오는 운전자의 표적이 되지 않기 위해서는 자신이 스스로 조심하는 것이 좋다. 만약 운전 도중 약간의 시비가 붙을 만한 상황이 발생하거나 다른 운전자를 자극할 수 있는 운전을 하지 않기 위해서는 첫째, 싸움을 걸어오는 운전자와 눈을 정면으로 마주치지 않는 것이 좋다. 둘째, 상대방이 오해하거나 기분이 상할 수 있는 표정이나 제스처(gesture)를 하지 않는다. 셋째, 경적은 꼭 필요할 때만 최소한으로 사용한다. 넷째, 운전 중 급 차선 변경을 하지 않으며, 주차 선을 잘 지켜 주차한다. 다섯째, 서행 운전을 할 때는 오른쪽 차선을 이용한다. 여섯째, 도로 한복판에 서서 다른 운전자와 대화하지 않는 것이 좋다(김태성 역, 2002). 일곱째는 비상깜박이를 적절히 사용하는 것이다. 우리나라에만 있는 운전문화이다. 비상시에 작동하는 비상깜박이를 우리나라에서는 '감사합니다.', '죄송합니다.'라는 의미로 사용하고 있다. 외국 사람들은 비상깜박이로 자신의 감정을 적절하게 사용하는 것을 보고 좋은 운전문화라고 평한다. 여덟째는 창문을 열고 손을 내밀어 자신의 실수를 손짓으로 표현한다. 상대방 운전자의 상한 기분을 가라앉게 할 수 있다. 이렇게 스스로 조심하려고 노력을 해도 노상격노(road rage)의 경험이 잦아 자신이 힘들게 느끼거나 주위의 권유로 신경정신과에 간다면, 간헐적 폭발성장애(intermittent explosive disorder)로 진단받게 된다.

분노심리와 성격 이해하고 다루기

2) 간헐적 폭발성장애

간헐적 폭발성장애는 공격적 충동이 조절되지 않아 심각한 파괴적 행동이 나타난다. 외부 스트레스 자극에 비해 지나친 분노와 공격적인 행동을 보이며, 특히 자신의 의지로 조절되지 않아 가정이나 사회생활에서 어려움을 겪게 되는 정신장애이다. 이 장애는 충동적이고 공격적이며 난폭한 행동을 반복적으로 보인다. 자신이 처한 상황에 비해 과도한 분노 폭발을 보인다. 간헐적 폭발성 장애를 지닌 사람은 마치 공격적 발작을 하듯이 폭발적인 행동을 하며 이러한 폭발적인 행동을 하기 전에 심한 긴장 상태를 경험하며 공격적 행동을 하고 나서 즉각적인 안도감을 느낀다. 주된 발병 시기는 10대에서 30대까지이며 갑작스럽게 이러한 증세가 나타나는 경우가 많다. 장애의 원인은 분명하게 밝혀진 것이 없으며 어렸을 때 부모나 다른 사람에게 학대를 받았거나 무시를 당한 것이 원인이 된다는 주장이 있다. 가족의 분위기가 위협적이고 폭력적일 경우에도 이러한 장애가 나타날 가능성이 높다고 한다(권석만, 2014). 공격적인 폭발은 알코올, 펜사이클리딘, 코카인 및 다른 흥분제, 바르비투레이트, 그리고 흡입제를 중심으로 한 물질중독이나 물질 금단과 연관되어 일어날 수 있다고 한다. 하지만 목표 지향적 행동은 공격적 행위와 동기의 이익이 있다는 점에서 간헐적 폭발성 장애와는 구별된다(이근후 외 역, 1995). 자기애성, 강박성, 편집성, 또는 정신분열성 성격 특징을 가진 사람들이 스트레스를 많이 받았을 때 간헐적 폭발성 분노를 폭발적으로 분출하기 쉽다. 이로 인해 직업 상실, 정학, 이혼, 대인관계의 어려움, 사고, 입원, 투옥을 겪을 수 있다. 간헐적 폭발장애 증후군은 청소년기부터 시작되어 만성화되는 경향을 보인다.

DSM-IV가 정의하는 간헐적 폭발성장애의 진단 기준은 다음과 같다.

① 심각한 공격적 행위 또는 재산이나 기물을 파괴하는 공격적 충동을 통제하지 못하는 사건이 일정하지는 않지만 계속해서 일어난다.

② 이러한 사건 동안에 나타나는 공격성의 정도가 그 사건을 일으킨 계기가 되는 심리 사회적 압박감에 비례하지는 않는다. 이러한 공격적 행동은 대개 그 전에 심리적인 긴장감이나 압박감이 먼저 나타나게 된다. 이와 같은 긴장감이나 압박감의 수준이 낮으면 공격적인 행동의 수준이 덜하고 긴장감이나 압박감의 수준이 높으면 공격적인 행동을 더하게 되는 것은 아니라는 것이다.

③ 이와 같은 공격적 행동을 하는 사건이 다른 정신장애(예: 반사회성 성격장애, 경계선 성격장애, 정신병적 장애, 조증 삽화, 품행장애, 주의력 결핍 및 과잉행동장애)로 인한 것이 아니며, 약물 복용(예: 약물남용, 약물 투여) 또는 일반적인 의학적 상태(예: 머리의 외상, 알츠하이머성 치매)의 직접적인 생리적 효과로 인해 나타나는 것이 아니다.

3) 적대적 반항장애

적대적 반항장애의 필수적인 증상은 권위 인물에 대해서 거부적이고, 적대적이다. 어른들에게 반항적이고, 불순종적인 행동을 지속적으로 보인다. 도전적인 행동을 보이고 고집이 세며 거친 행동을 보인다. 특히 어른들의 지시나 요구에 순응하지 않고 규칙을 따르는 것을 싫어한다. 자신의 실수나 잘못을 쉽게 인정하지 않고 남의 탓으로 돌리며 악의에 차 있거나 앙심을 품고 복수심이 강하다. 적대적 반항장애의 원인은 잘 밝혀져 있지 않지만 생물학적인 원인과 환경적인 원인을 들 수 있다. 첫 번째는, 생물학적 원인을 들 수 있다. 부모 가운데 한쪽 부모가 반항장애 또는 기분장애, 품행장애, ADHD, 반사회적 성격장애, 또는 물질관련 장애를 겪었던 경험이 있었을 경우와 그렇지 않은 경우에 비해 장애 발생률이 높다. 두 번째는, 환경적인 원인이다. 빈곤 및 가정불화가 있는 가정의 자녀의 경우 가족 관계에서 오는 스트레스가 반항장애의 원인이 될 수 있다. 부모의 일관성 없는 양육태도로 인해 아동의 장애에 영향을 미칠 수 있다. 이 장애를 지닌 아동의 부모는 대부분 권력, 지배, 자율에 관심이 많다. 기질적으로 자기주장과 독립성이 강한 아동에게 지배성향이 강한 부모가 일방적으로 아동의 행동을 힘이나 권위로 과도하게 억제하려는 경우, 부모와 자식 간의 투쟁과정에서 아동은 적대적 반항장애를 나타낼 수 있다. 청소년기 자율성과 자기결정권을 강화시키는 시기에 외부적 압력이나 제한에 대해서 나타나기 쉬운 발달단계이다. 그러므로 성장하면서 자연스럽게 사라질 수도 있지만 부모, 교사, 친구관계에서 위험성을 지니고 있다면 전문적인 치료를 받는 것이 필요하다. 정신분석학자 중에는 부모와 자녀 간의 힘겨루기 일종의 항문기적 문제로 보기도 한다. 행동주의 입장에서는 적대적이고 반항행동이 가족 내에서 모방학습을 통해서 습득되고 조작 전 조건형성을 통해 강화될 수 있다고 주장한다(권석만, 2014). 하지만 생물학적 원인과 환경적 원인 중 어느 한 가지의 원인이 장애 발생에 직접적인 영향을 미치는 것보다는 대부분의 경우 다양한 요인이 복합적으로 작용하여 발생한다. 그 밖에도 기분장애, 불안장애로 인한 반항행동이 나타날 수 있다.

DSM-IV가 정의하는 적대적 반항장애의 진단 기준은 다음과 같다. 거부적, 적대적, 그리고 반항적인 행동 양상이 적어도 6개월 이상 지속되고, 다음 중 적어도 4가지(또는 그 이상)가 존재한다.

① 흔히 버럭 화를 낸다.

② 흔히 어른과 말다툼을 자주 한다.

③ 어른의 요구에 순응하거나 규칙에 따르는 것을 적극적으로 거부하고, 반항한다.

④ 고의적으로 타인을 귀찮게 한다.

⑤ 자신의 실수나 잘못된 행동을 남의 탓으로 돌린다.

⑥ 타인에 의해 기분이 상하거나 쉽게 신경질을 낸다.

⑦ 화를 내고 원망한다.

⑧ 악의에 차있거나 앙심을 품고 있다.

하지만 적대적 반항장애를 진단할 때는 주의해야 할 점이 있다. 또래들에게서 일반적으로 관찰되는 것보다 반항적 행동이 더 빈번하게 나타날 경우에만 이 기준을 고려한다. 행동장애는 사회적, 학업적, 직업적 기능을 수행하는 데 심각한 손상을 초래한다. 문제행동이 정신병적 장애 또는 기분장애의 경과 중에만 나타나는 것은 아니다. 행동장애의 진단기준에 맞지 않아야 하며, 18세 이상일 경우 반사회적 성격장애의 진단 기준에 맞지 않아야 한다.

4) 품행장애

품행장애는 다른 사람의 기본적 권리를 침해하고 반사회적, 공격적, 도전적 행위를 반복적, 지속적으로 행동하여 나이에 적합한 사회적 규범이나 규칙을 위반하는 행동을 나타내는 장애이다. 품행장애는 크게 4가지 문제행동으로 나타난다. 사람과 동물에 대한 공격성, 다른 사람의 재산 파괴, 심각한 규칙 위반이다. 문제는 자신의 행동에 대해서 죄책감을 느끼거나 후회하지 않는다는 것이다. 품행장애의 아동이나 청소년은 가정이나 학교생활에 적응하지 못하고 음주, 흡연, 약물남용, 가출, 충동적인 범죄를 저지르는 일탈 행동으로 나타난다. 성인기에는 반사회적 성

분노심리와 성격 이해하고 다루기

격장애로 발전할 수 있다. 원인은 다양한 요인이 복합적으로 작용하여 발생한다. 첫 번째는 부모의 양육태도와 가정환경이다. 부모의 강압적이고 폭력적인 양육태도 또는 무관심적이고 방임적인 양육태도이다. 또한 부모의 불화와 가정폭력, 아동학대, 결손가정, 부모의 정신장애나 알코올 사용 장애 등은 품행장애와 밀접한 관련을 맺고 있다. 이러한 가정환경은 아동을 불만이 많고 화를 잘 내며 충동적이고 공격적인 사람으로 유도할 수 있다. 두 번째는 사회문화적 요인이다. 사회경제적 수준이 낮고 도시에 거주하는 가정의 아동 중에 품행장애가 많다. 이 점은 사회경제적 수준이 낮은 계층은 교육수준, 높은 실업률, 경제적 곤란, 가족생활의 파탄, 가정교육의 부재 등으로 품행장애가 유발될 가능성이 높다는 것이다. 교육적, 환경적, 정서적, 물질적 욕구가 적절하게 충족될 수 없는 것이 심리적 불만과 공격성을 증대시켜 품행장애를 유발시키는 것이다. 세 번째는 정신분석 입장이다. 정신분석에서는 품행장애를 초자아 기능의 장애로 간주한다. 네 번째로 학습이론에서는 품행장애에서 나타나는 문제행동이 부모를 통한 모방학습이나 조작적 조건형성에 의해서 습득되고 유지되는 것이라고 주장한다. 품행장애가 반사회성 성격장애자나 알코올 의존이 있는 부모의 자녀에게 더 빈번하게 발생한다는 사실은 품행장애가 유전적인 영향을 받을 수 있음을 시사한다(권석만, 2014). 신경생물학적 요인은 세로토닌 이상이나 성호르몬 이상, 전두엽 활성화 차이 등이 원인이 되어 발병되는 것으로 알려져 있는데, 특히 공격적인 경향의 품행장애에서 신경생물학적 요인이 두드러진다.

DSM-IV가 정의하는 품행장애의 진단 기준은 다음과 같다. 다른 사람의 기본적인 권리를 침해하고 나이에 맞는 사회 규범 및 규칙 위반이 지속적이고 반복적인 행동 양상으로서, 다음 항목 가운데 3개 이상 항목이 지난 12개월 동안 있어 왔고, 적어도 1개 항목이 지난 6개월 동안 나타나야 한다.

① 사람과 동물에 대한 공격성을 드러낸다.

(1) 다른 사람을 괴롭히거나, 위협하거나, 협박한다.

(2) 육체적인 싸움을 도발한다.

(3) 다른 사람에게 심각한 손상을 일으킬 수 있는 무기를 사용한다(예: 곤봉, 벽돌,
    깨진 병, 칼 또는 총).

(4) 사람에게 신체적으로 잔혹하게 대한다.

(5) 동물에게 신체적으로 잔혹하게 대한다.

(6) 피해자와 대면한 상태에서 도둑질을 한다(예: 노상강도, 날치기, 강탈, 무장
    강도).

(7) 다른 사람에게 성적 행위를 강요한다.

② 다른 사람의 재산을 파괴한다.

(1) 심각한 손상을 입히려는 의도로 일부러 불을 지른다.

(2) 다른 사람의 재산을 일부러 파괴한다(방화는 제외).

(3) 다른 사람의 집, 건물, 차를 파괴한다.

③ 사기 또는 절도 행위를 한다.

(1) 물건이나 호감을 얻기 위해, 또는 의무를 피하기 위해 거짓말을 흔히 한다
    (예: 다른 사람을 속임).

(2) 피해자와 대면하지 않은 상황에서 귀중품을 훔친다(예: 파괴와 침입이 없는
    도둑질, 문서 위조).

④ 심각한 규칙 위반을 한다.

(1) 13세 이전에 부모의 금지에도 불구하고 밤늦게까지 집에 들어오지 않는다.

분노심리와 성격 이해하고 다루기

(2) 친부모 또는 양부모와 같이 사는 동안 적어도 2번 이상 가출을 한다. (1번의 가출을 하면 오랫동안 돌아오지 않음)

(3) 13세 이전에 무단결석을 시작하였다.

5) 블라인드 레이지

Ronald T. Potter-Efron(2007)은 블라인드 레이지(Blind Rage)에 대해 다음과 같이 설명하였다. 블라인드 레이지(Blind Rage)는 장기간 주변 정황을 인지하지 못한 채 폭력적인 말이나 행동을 한다. 당시 일어난 일을 전혀 기억하지 못하거나 극히 일부만 기억한다. 마치 뇌가 자신의 행동을 인지하는 회로를 차단한 것 같은 것이다. 이런 현상이 왜 일어나는지에 대해서 지금까지 정확한 답은 없다. 현재로서는 극심한 스트레스나 위협을 인지했을 때 하는 자기방어의 일환이라는 가설이 지배적이다. 블라인드 레이지는 욱하는 성질을 가진 사람들이 경험하게 되는 가장 강도 높은 변화로 강력한 분열증세라고 할 수 있다. 블라인드 레이지는 거의 죽음을 직면한 상황의 경험이 있거나 성폭행같이 목숨을 위협받았던 경험이 있는 사람이 그 트라우마를 어떻게 억누르느냐와 관련이 있다고 한다. 알코올 중독자나 약물중독자가 경험하는 일시적인 기억상실과 다르다. 그러나 알코올이나 감정의 변화를 일으키는 다른 화학물질을 섭취할 경우 블라인드 레이지 현상이 더 쉽게 일어난다. 이처럼 분노는 균형을 잃거나 자기중심적이고 통제력을 잃을 때 일어나는 강렬한 감정이며, 파괴적이며, 치명적인 결과를 가져올 수 있는 위험한 감정이다. 이러한 위험한 분노의 감정 말고도 현대인들은 많은 여러 가지 이유로 분노의 감정을 가지고 있다. 오랫동안 분노의 감정이 없어지지 않고 정신적으로, 심리적으로, 사회적으로 부적응 상태가 지속되고 있다면 자신의 분노감정이 스스로 조절이 안 되는 분노조절장애나 충돌조절장애를 겪고 있다고 할 수 있다.

6) 화병

1994년 미국정신의학회는 화병(火病)을 정신장애진단통계편람-IV(DSM-IV)의 부록에 'Wha-byung(화병)'이라는 이름으로 한국인의 화병을 하나의 문화관련 증후군으로 정식등록하였다. 화병은 주로 가슴이 답답하고 숨이 막힐 듯하며, 뛰쳐 나가고 싶고, 뜨거운 뭉치가 뱃속에서 치밀어 올라오는 증세와 불안, 절망, 우울, 분노가 함께 일어난다고 알려져 있다. 한국인에게 많은 화병은 형태적으로는 신체형장애와 유사하지만 감정적으로는 우울증과 유사하다. 그래서 '울화병(鬱火病)'이라는 말을 쓰기도 한다. 즉 '화병'은 한국의 억압적 문화 속에서 변형된 우울장애로 볼 수도 있다. 화병은 배우자, 시댁 식구, 직장 상관 등 살아오면서 가까운 사람으로부터 부당한 처우를 장기간에 걸쳐 반복적으로 받으면서 생긴다. 여기에 갈등 또는 불화로 인해 화가 나고 억울하고 분하고 섭섭한 마음이 많지만 자식 등 이미 형성된 가족 관계나 생계 활동 등을 위한 인간관계를 깨뜨리고 싶지 않아 참아야 하고 그래서 오랫동안 쌓이고 쌓인 상태에서 생기는 병이다. 주로 호소하는 증상은 '열불난다.', '속 끓는다.', '속 탄다.', '치밀어 오른다.', '한숨이 자꾸 나온다.' 등이다. 심리적인 증상으로는 화가 나고 억울하고 분한 마음, 나만 손해 본 기분, 한 많고 하소연하고 싶은 마음, 미운 마음, 후회하는 마음, 우울하고 불안한 마음 등이다. 또 신체적으로 가슴이 답답하고, 한숨이 많고, 몸이 화끈화끈 열이 오르고, 치밀어 오르거나 가슴이 뛰고, 가슴에 덩어리가 있는 것 같고, 더운 것을 못 참아 창문을 열어 놓거나 옷을 벗거나 밖으로 나가고 싶고, 입이 마르는 등의 증상이 나타난다. 화병이 오래되면 우울증과 불안증, 심지어 정신병적 장애가 발생할 수 있다. '화병으로 죽었다'는 말이 있듯이 '화'로 인한 신체의 병도 생긴다. 화는 분노이다. 이는 심각한 스트레스이기 때문에 고혈압, 심장병, 당뇨병, 관절염 등이 생기기 쉽다. 따라서 화병은 빨리 치료하는 게 좋다(미국국립보건원 NIH).

화병(火病)은 조선 정조의 모친이며 사도세자(思悼世子)의 부인이던 혜경궁(惠慶宮) 홍씨(洪氏 1735~1815)가 쓴 '한중록'에서 사도세자의 병세를 언급할 때 자주 나온 말이다. 한중록 연구의 저자 김용숙(1987)은 조선왕조실록을 인용하여 세자에게는 두려워하는 병이 있었고 세자 자신은 화병이라 했으나 영조는 차라리 발광(發狂)한 것이라 했다고 한다. 사관(史官)의 말로는 증(症)이 발하면 역시 본성(本性)을 잃는다고 하면서 세자의 병증에 대해 서로 의견이 달랐음을 지적하고 있다. 사도세자의 화병은 엄한 아버지 영조에 의해서 비롯된 것이다. 아들을 사랑해 주지 않아 서럽고, 꾸중을 많이 해 무섭고, 그리하여 마음이 상해서 화가 되고, 마음이 막히고 뛰고, 잘 놀라는 증후가 나타났다. 결국 그 화풀이의 대상으로 사람이나 동물을 죽이게 되는 지경까지 이른 것으로 이해된다.

화병(火病)은 한의학뿐만 아니라 정신과 의사들도 관심을 갖고 많은 연구를 했다. 세브란스 병원 정신과에서 만든 화병 진단 기준에 따르면 22가지의 증상으로 설명하였다. 화병 특유의 핵심 증상 여섯 가지는 주관적 분노, 억울하고 분함, 분노의 행동 표현, 열감, 증오심, 한(恨) 등이다. 그리고 신체 증상 여덟 가지와 화병 관련 증상은 다음과 같다. 먼저 신체 증상으로는 속에서 치밀어 오름, 가슴속 덩어리, 답답함, 가슴 뜀, 목마름, 한숨, 잡념, 하소연 많음 등이 있고, 화병 관련 증상으로는 슬픔, 눈물, 불안, 초조, 죄책감, 수면장애, 두통, 신체 통증, 식욕감소, 쉽게 놀람, 집 밖으로 나가고 싶은 충동 등의 증상이다. 이 기준에 따라 우리나라 지역 주민을 대상으로 화병을 조사한 연구에 따르면, 일반인의 4~5%, 정신과에 오는 신경증 환자의 20~45%가 화병을 가지고 있고, 경과가 10년 이상 되는 만성적인 병이다. 한의사들은 증상이 조금이라도 있으면 일단 병으로 간주하는 경향이 있어, 한의학에서 조사한 화병 환자의 수는 이보다 훨씬 많게 보고된다. 화병은 나이 많은 여성 중 결혼 생활에 문제가 있는 경우와 사회적, 경제적 수준과 교육수준이 낮은 집단에서 많았다.

화병 환자의 종교를 조사한 결과에서는 기독교인이 가장 많았다. 화병은 화가 나고 억울하고 분한 사건이 오랫동안 있었는데 가족의 평화를 위해 참아 온 사람들에게 잘 발생하고, 만성화되는 특징이 있다. 화병은 우울증, 불안증, 신체화장애 등과 구별이 쉽지 않고 이들 질환에 동반된 경우가 많아 꼭 화병이라는 새로운 질병 범주를 만들 필요가 없다는 반론도 있다. 신체화장애(somatization disorder)란 검진이나 검사로 적절히 설명할 수 없는 다양한 신체 증상을 호소하는 것을 말하는데, 대개 정신적인 스트레스와 관련이 있다(최현석, 2012). 화병 군에서 흔히 진단되는 것은 미국 정신과 분류 중 신체화장애는 큰우울증(Major depression), 감정부전장애(Dysthymic disorder), 범불안장애(Generalized anxiety disorder), 공황장애(Panic disorder), 강박장애, 적응장애의 순서로 많다는 보고가 있다(민성길, 1989). 즉, 화병에서의 '화'는 억제된 공격성과 무력감 양(兩)정서를 품고 있다. 억제된 공격성은 적개심, 증오심, 복수심이다. 무력감은 체념, 좌절감, 숙명론 등과 화학적 결합을 한다. 그로 인해 심리적 고통이 신체적 고통으로 전환되는 신체화 증상이 일어나게 되는 것이다. 아래 그림에서 직사각형은 각 방향이 막혀 있음으로써 '화'의 발생기제인 억제된 내면화를 의미한다.

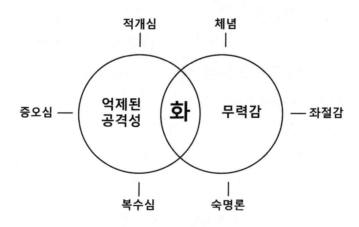

화병에서의 화의 구조(김순용, 1998)

분노심리와 성격 이해하고 다루기

7) 한

한(恨)은 화에 대한 한국인의 독특한 정서이다. 화병의 증상 중 하나는 한(恨)이다. 화병이 화를 참아 쌓이고 쌓인 결과 나타나는 것처럼, 한도 쌓이고 쌓인 것이다. 한은 한국인의 역사를 통해 이어져 온 독특한 방식의 감정 경험에 한국식으로 이름 붙인, 우리나라 고유의 개념이다. 한국 문화를 '한의 문화', 한국 역사를 '한의 역사'라고 하는 것처럼 한은 개인적인 정서를 넘어 집단적인 정서이기도 하다. 한은 스트레스와 유사하지만 스트레스는 경험 자체를 의미하고, 한은 그러한 스트레스 경험을 한국인만이 느끼고 다루는 방식이다. 한과 관련된 감정 반응은 크게 두 가지이다. 첫째는 자기 자신을 향한 감정으로, 후회, 슬픔, 허무, 한숨, 탄식 등과 같은 체념으로 나타난다. 둘째는 자신보다 타인을 향한 증오, 저주, 복수 등으로 나타난다.

한은 화병과 관련되어 화병 환자의 85%가 한이 있고, 이들 대부분은 한이 화병의 원인이라고 생각한다. 세브란스 병원 정신과에서 40~65세 사이의 남녀를 대상으로 연구한 바에 따르면, 한은 남자보다는 여자에게 많았고 경제적으로는 어려운 경우 많았다. 한의 원인으로는 불효, 배우자와의 사별, 부부 불화, 성생활 불만족, 못난 가문, 가난, 어렸을 때의 설움, 결혼 실패, 누명, 배신, 질병, 무관심, 수치스러운 과거, 시부모와의 갈등, 본인의 잘못된 성격 등 여러 가지였다. 한의 원인은 오래전 과거에 있었던 억울하고 분한 부정적 감정의 경험이다. 지금이라면 분노로 폭발할 텐데, 이미 지난 과거의 일이니 팔자소관이나 운명으로 생각하고 체념하며 잊고 지내는 과거완료적인 경험들이다. 그러나 일단 한이 맺힌 사람은 종종 과거가 떠올라 증오심이나 분노가 타오르기도 한다. 한의 원인이 아직도 진행 중이면 화병이 되고, 화병이 있었다고 하더라도 어느 정도 극복이 되면 한으로 남게 된다. 그래서 화병과 한은 구분되기도 하지만 같은 선상에서 시간차로 존재한다(최현석,

2012). 화병이나 한으로 인한 신체화증상이 우리나라는 여성에게서 많이 나타나고 있다. 그 이유는 특히 가부장적인 유교사회에서 자신의 감정을 솔직하게 표현할 수 없는 여성들의 간접성과 자신의 의지대로 행동하지 못하는 수동적인 태도가 감정과 행동을 억압함으로써 부정적인 정서가 내재화된 것이다. 즉 신체화증상은 부당한 사건에 대해 억울하고 분한 마음을 신체적 증상을 통해 표출하는 또 다른 형태로서 화병 환자가 나타내는 신체화증상은 언어화되지 못한 억제된 정서를 온몸으로 표현하고 있는 것이다.

분노심리와 성격 이해하고 다루기

8장
분노 감정의 역할

　사람들이 화를 내는 이유는 다양한 자신의 감정을 직접적으로 표현하지 못하고 화를 통하여 자신의 숨은 감정을 드러내는 데 효과적이라는 잠정적 믿음 때문이다. 또는 자신의 감정을 회피하거나 참다 참다 그걸 견디지 못하고 그만 화를 통해 분출하고 마는 것이다. 하지만 실제 조사 결과를 보면 화는 당장 자신을 전달하거나 자신의 목적을 성취하는 데 효과적으로 보일 뿐이다. 하지만 사람들은 여전히 화를 참지 못하고 화를 통해 자신을 드러내려 한다. 한편으로 분노는 인간관계에서 친밀감과 자기존중감을 얻으려는 일종의 투쟁일 수도 있다. 따라서 상대방의 분노는 귀 기울여 들을 만한 신호이다. '지금 내가 상처받고 있고, 권리를 침해받고 있다.', '나의 요구와 희망이 잘 이루어지지 않고 있다.'는 것은 단순한 전달이지 무엇이 크게 잘못된 것이 아닐 수 있다. 분노는 친밀한 사이에서 무언가 중요한 것을 서로 말하지 않고 있다는 표시이며, 스스로 본인이 너무 과도한 짐을 지고 있으니 타협이 필요하다는 메시지를 주는 것이다. 그러나 분노는 여전히 고통스러운 정서로 남는다(한기연, 2009). 결국 분노로 인해 대부분 상황을 악화시켜 자신은 물론 상대방에게도 좋지 않은 영향을 주게 된다. 직장에서는 팀의 사기를 저하시키고 신뢰관계를 떨어뜨려 업무의 효율성과 성과를 저하시키는 원인이 될 수 있다.

1) 분노 감정의 긍정적 역할

① 분노는 삶을 지킬 수 있다.

순간 화가 나는 것을 참는다는 것은 쉬운 일이 아니다. 그래서 화를 내지만 시간이 지나면 후회하는 경우가 많다. 우리는 대부분 분노를 이성으로 통제해야 할 파괴적이고 좋지 않은 부정적인 감정으로 생각한다. 종교적인 가르침에서도 분노는 통제되어야 하는 부정적인 감정이다. 하지만 우리가 느끼는 모든 감정은 느껴야 할 이유가 있다. 분노도 마찬가지이다. 화를 가장 많이 내는 상황은 자신이 불공평한 대우를 받는다고 생각하거나, 수치심, 모욕, 자존심이 무시당하는 상황이라고 할 수 있다. 이때 화를 표현하는 것은 자신을 지켜 준다. 조용히 있는 사람보다는 화내는 사람에게 떡이라도 하나 더 준다. 배고파서 아우성치는 난민 중에 화내는 사람이 먼저 밥을 얻고 가게에 가더라도 화내는 손님이 먼저 서비스를 받는다. 사람들은 상대방이 화가 난 것을 금방 알아보기 때문에 분노는 상대방에게 자신의 생각을 아주 빠르게 전달한다. 실제로 분노의 표적이 된 사람은 80%가 자신의 잘못을 깨닫고, 50% 정도는 관계가 더욱 좋아진다고 한다. 적당한 분노의 표현은 자신의 자존심을 지키고, 권력과 지위를 얻으며, 협상에서 더 많은 것을 얻게 되는 것이다.

② 분노는 자기개발의 원동력이다.

자기를 화나게 만들었던 상황, 즉 자존심이 상했던 경험은 강한 기억으로 남는다. 분노는 자존심을 회복하기 위한 노력을 자극해서 자기개발의 원동력이 될 수 있다. 축구 경기에서 자기 팀 선수가 상대방 선수에게 비신사적인 공격을 당했을 때, 점수가 뒤지고 있을 때 느끼는 분노는 팀에 공유되고 사기를 돋우는 결정적인 힘이 되는 경우가 많다. 자식에게 소리를 자주 지르고 화를 자주 내는 부모일수록 자식들을 더 많이 때린다고 한다. 자식에게 화내는 것은 대표적인 나쁜 분노이며, 분노에서 나오는 체벌은 아이를 반항적으로 만든다. 그렇다고 부모가 아예 화를 내면 안 된다는 것은 아니다. 부모가 화를 내면 아이들은 자신의 행동이 크게 잘못되었다는 것을 아주 빠르고 강하게 인식한다. 그리고 화를 냈던 부모들은 대부분 자신의 잘못을 깨닫고 자식과 화해를 시도한다. 그 과정에서 아이는 화해하는 방법도 배우게 되는 것이다.

③ 정의로운 분노는 사회를 변화시킨다.

감정이란 각 개인의 개별적인 경험이지만, 옆 사람들에게 퍼지는 전염성이 있다. 상대방이 웃으면 웃을 만한 이유가 없어도 웃게 되고, 상대방이 화내면 자기도 화를 내게 된다. 그러나 집단에서 한 사람이 웃으면 여러 사람이 같이 웃게 되지만, 집단에서 누군가가 화를 내면 그 영향력은 상황에 따라 달라진다. 분노란 자기가 받는 대우가 공평하지 못한 느낌이 들 때 생기는데, 불공평한 대우가 사회계층의 불평등으로 느껴질 때 분노는 집단화되어 공동의 적에 대한 공격으로 표현된다. 군중으로 움직이면 불안감이 줄어들면서 이제까지 억제되었던 행동이 분출된다. 단체 행동은 분노를 억제시켜 온 두려움을 없애 준다. 이러한 집단 분노는 사회를 변화시키는 힘으로 작용한다. 간디(Gandhi)는 '혹독한 체험을 통해서 나는 분노를 모아 두는 한 가지 숭고한 교훈을 터득했다.' 마치 보존된 열이 에너지를 내놓듯이 우리의 분노도 잘 다스려지면 세계를 움직일 힘을 쏟아 낼 수 있다는 교훈이다(최현석, 2012). 이처럼 화를 내는 사람들의 공통점은 화를 통해 자신의 생각과 의사를 표시하는 것이다. 분노에는 자신의 뜻대로 상대의 행동을 바꾸고 싶다는 강력한 메시지가 표시되어 있다. 간디의 말처럼 우리의 분노가 잘 다스려만 진다면 분노의 긍정적인 기능은 인간에게 새로운 도전을 주며, 부정적인 기능에 대해서는 명확하게 정리하여 개인적인 삶에서 변화가 일어나는 촉매제가 될 수 있다. 분노는 인간이 가지고 있는 여러 가지 감정 중의 하나이며, 억압해서도 안 된다. 그렇다고 분노를 절제 없이 표출해서도 안 된다. 이성에 의해 걸러지지 않고 절제되지 않은 분노는 자신은 물론 타인에게도 미치는 공격성과 파괴력은 엄청나기 때문이다. 자신의 생각이나 의견, 감정을 적절하게, 솔직하게, 자연스럽게, 건강하게 표현하는 것이 중요하다.

2) 분노 감정의 부정적 역할

① 정서적, 심리적으로 불안전성이 지속된다.

분노의 감정 속에 갇혀 살게 되면 정서적으로 불안정한 상태가 지속된다. 분노와 관련된 생각, 느낌, 감정, 행동은 자신을 긴장, 좌절, 죄책감, 수치심, 후회, 어색함 등 부정적인 감정을 자주 느끼게 되어 기분장애를 겪을 수 있다. 자신에게 벌어진 상황에 대한 인식을 객관적이고 합리적으로 판단하고, 표현하는 데 어려움을 겪게 된다. 자주 짜증을 내거나, 예민하게 반응하거나, 매사에 부정적인 사람, 항상 감정적으로 상황을 대처하는 사람으로 오해를 받게 된다. 이러한 자신의 불안정성은 지속되고, 계속 유지된다. 그로 인해 우울과 불안감이 높을 수 있고, 분노의 공격성이 타인이나 자신에게 표출될 수 있다. 스트레스에 대한 이해와 수용력도 부족하기 때문에 자신을 돌아보지 못하고 상황이나 타인의 탓으로 돌리려고 한다. 자신에 대한 이해와 통찰과 객관적이고 합리적인 상황인식에 대한 교육이나 훈련이 필요하다.

② 신체적 자유가 제한된다.

부정적인 분노 표현은 대부분 우리 삶의 안정성을 흔들게 된다. 그 중에서도 욱하는 성질의 분노 특히 돌발성 분노는 반드시 값비싼 대가를 치르게 된다. 분노의

분노심리와 성격 이해하고 다루기

공격성 표출로 인하여 타인의 재산과 안전에 피해를 주기 때문에 신체적 자유가 제한된다. 감옥, 접근금지 명령, 법원의 분노관리 혹은 가정폭력 방지 프로그램 교육 명령은 욱하는 성질이 있는 사람들이 자주 맞이하는 결과이다. 본인 스스로 자신의 행동을 억압하는 결과를 만드는 것이다.

③ 사람들에게 정신적, 육체적 피해를 준다.

다른 사람은 물론 자신이 사랑하고 아끼는 사람들에게까지도 정신적으로, 육체적으로 피해를 준다. 예를 들어 부모들은 아이들을 양육할 때 자녀들이 올바르게 성장하여 사회의 한 구성원으로서 책임과 역할을 하면서 행복하게 살기를 원할 것이다. 하지만 대부분의 부모들의 양육방식은 그렇지 않다. 자신들의 마음과 사랑의 표현을 대부분 통제, 지시, 명령, 벌주기, 비꼬기, 심지어 협박을 한다. 이러한 부모의 마음에는 자신의 뜻과 의도대로 움직여 주지 않는 자녀에 대한 분노이다. 부모들의 이러한 태도는 자녀들을 분노, 억울함, 불안, 공포 등의 부정적인 감정에 휩싸이게 하여 자신감과 자존감에 상처를 받게 된다. 계속되는 부모와의 갈등과 소통의 부재는 결국 아이의 정서와 행동에 부정적인 영향을 주고 자녀가 건강하게 성장하지 못하도록 하는 방해 요소가 될 수 있다. 교육심리학자인 제인넬슨(Jane Nelsen, 2010)은 자녀의 기분을 망쳐 놓고 바르게 가르칠 수 있다는 어리석은 생각은 버려야 한다고 말한다. 나중에 아무리 죄책감과 미안한 마음으로 괴로워한다고 해도 이미 때늦은 후회가 될 수 있다.

④ 인간관계가 단절될 수 있다.

분노는 인간관계의 많은 부정적인 영향을 준다. 특히 자신과 가깝거나 이해관계에 있는 이성, 친구, 동료, 가족관계 등의 인간관계에 부정적인 영향을 준다. 주변 사람들은 언제 터질지 모르는 시한폭탄 같은 사람을 좋아하고 곁에 두고 싶은 사람은 없다. 자신의 분노감정을 잘 표현하지 못하고, 조절하지 못해서 오는 갈등과 오해는 신뢰를 떨어뜨리고 불만을 계속해서 증폭시킨다. 결국 인간관계에서 중요한 대화와 소통을 단절시킨다. 인간관계에서 소통이 안 되면 고통이 찾아온다. 그로 인해 정서적 안정감이 떨어지며, 자신의 입지와 활동영역이 좁아지고 사회적 활동을 위축시킨다. 본인 스스로 자신의 잠재력과 창의성, 문제해결 능력이 떨어지고 자신감도 낮아지게 만드는 것이다.

⑤ 믿음과 신뢰가 없는 사람으로 인식된다.

분노감정을 조절하고 적절하게 표현하는 것은 자신은 물론 주변 사람들과의 약속이며, 자신과의 싸움이다. 다시는 누군가에게 자신의 분노로 인한 상처를 주지 않겠다고 맹세하지만 얼마 안 가서 분노가 반복적으로 폭발하게 된다면 사람들로부터 믿음과 신뢰가 떨어지게 된다. 자신의 말과 행동에 일관성과 책임감 그리고 인내심도 없는 사람이 되는 것이다. 한 번 잃은 믿음과 신뢰를 회복하기 위해서는 더 많은 시간과 노력이 필요하다.

⑥ 경제적인 손해와 함께 법적인 책임을 져야 한다.

자신의 돌발적인 분노표출은 이성적으로 자신의 행동을 절제할 수 있는 통제 능력이 떨어져 돌발적인 행동을 할 수 있다. 순간 주변에 있는 물건들을 부숴버리는 행동으로 자신의 분노를 표출하게 된다. 자신의 물건이든, 타인의 물건을 부수거나, 망가뜨린다면 재물손괴 죄로 물건을 새로 구입하거나 변상, 수리를 해 주어야 한다. 또한 욱하고 분노가 폭발해서 민, 형사적 사고를 일으켰다면 일으킨 사고를 처리하는 데 드는 법적비용과 피해보상 비용을 부담해야 한다. 간혹 자신의 돌발적인 행동으로 인해 직장에서 사직해야 하는 경우도 있다. 이러한 일련의 일들은 한순간의 실수로 돌리기에는 너무 큰 정신적, 물질적, 재정적인 손실을 안겨줄 수 있다.

분노심리와 성격 이해하고 다루기

9장

분노 스스로 다스리기

    분노가 한번 우리의 내면에 자리 잡게 되면 쉽게 밖으로 나가지 않으려 한다. 내재된 분노는 시한폭탄과 같아 몰아내지 않으면 우리의 삶에 많은 부정적인 근원이 될 수 있다. 앞에서 살펴보았듯이 사실 분노감정 자체는 죄도 아니며, 무조건 부정적인 감정도 아니다. 분노는 인간의 감정 중 하나이며, 중립적인 에너지이다. 하지만 분노를 어떻게 표현하느냐에 따라 분노의 순기능의 역할을 할 수도 있고 역기능의 역할을 할 수도 있다. 즉 분노를 어떻게 다스리느냐에 따라 우리의 삶이 불행해질 수도 있고 행복해질 수도 있다는 것이다. 그러므로 자신의 내면에 있는 분노를 어떻게 다루느냐 하는 문제는 우리의 삶에 매우 중요한 과제이다. 우리 안에는 다양한 감정이 있다. 분노감정도 그 중 하나이다. 분노도 감정을 표현하는 훌륭한 재료이다. 사랑과 슬픔, 기쁨처럼 분노 역시 받아들어야 한다. 분노를 잘 다스리고, 건강하게 표현할 때 우리는 균형 잡힌 사람이 될 수 있고 삶은 더 나은 행복을 향해 전진하게 된다.

1) 카타르시스

카타르시스(catharsis)는 그리스어로 '정화'라는 뜻의 비평 용어로서 아리스토텔
레스가 『시학(Poetica)』 6장에서 비극이 관객에게 주는 효과를 설명하기 위해 사용
한 용어이다. 고대 철학자 아리스토텔레스(Aristoteles, B.C. 384~322)는 비극의 목
적은 공포와 연민을 불러일으켜 감정들을 정화 또는 배설하는 것이라고 했다. 즉
사람들이 비극을 봄으로써 마음에 쌓여 있던 분노, 우울함, 불안감, 두려움, 긴장감
같은 부정적 감정이 해소되고 마음이 정화와 순화되는 카타르시스를 얻을 수 있다
고 했다. 현대 사회에 있어서 카타르시스는 흔히 스트레스를 푼다는 의미와 비슷
하게 사용되고 있으며 일반인들조차 카타르시스의 심리학적 효과에 대하여 많은
지식을 가지고 있다. 카타르시스는 첫째는 도덕적 의미로서의 정화(purification)
이다. 비극의 효과가 항상 울적한 공포에 눌린 긴장감을 해소하고 상쾌한 기분으
로 전환되는 것이다. 둘째는 종교적 의미로서의 깨끗하게 함(lustratio), 또는 속죄
(expiatio)이다. 자기가 직면한 고뇌 따위를 외부에 표출함으로써 강박관념을 해소
하는 일을 말한다. 셋째는 의학적 의미로 배설(purgatio)이다. 도덕적 의미로서의
정화(purification)보다는 배설적(씻어버림: clearance, 배출시킴: outlet) 의미에 가
깝다(이정혁, 2005).

아리스토텔레스의 카타르시스 이론은 프로이트(Freud)에 의해 더욱 발전한다.
프로이트의 정신분석에서는 마음속에 억압된 감정이 언어나 행동을 통하여 외부
에 표출함으로써 심리적인 안정을 찾는 것이다. 프로이트는 억압된 분노가 압력솥
안의 증기처럼 축적되면 히스테리가 되거나, 건드리면 폭발하는 공격성으로 발전
한다고 생각했다. 감정이 적절하게 표출되지 못할 경우 다른 출구를 찾아 빠져나
갈 수밖에 없는데, 대부분 바람직하지 못한 증상으로 나타난다고 했다. 우울증과

같은 병이 그렇게 생기며 우울증 환자가 자신이 과거에 받은 상처를 털어놓고 자신을 괴롭혔던 상처와 분노를 표출하면 카타르시스를 느끼면서 우울증 증상이 완화된다고 했다. 정신건강을 유지하려면 치료 과정에서 부정적인 감정을 모두 쏟아내고, 그런 감정들을 다시 통제할 수 있어야 한다고 주장했다. 부정적인 감정은 풀어 줘야 한다는 사고방식은 미국인들에게는 자연스럽다. 미국인들은 솔직하고 합리적인 태도를 존중하며, 심지어 분노를 표출하는 것이 좋다고 믿는다. 따라서 큰소리로 항의하거나 법적으로 소송하는 행동 역시 자연스럽다. 화난 사람에게 '해로운 화를 참기보다는 샌드백을 치거나 실내 야구장에서 야구방망이를 휘둘러라.', '산에 가서 소리를 지르거나 욕을 내뱉어라' 같은 충고를 많이 한다. 미국에는 카타르시스를 도와주는 장난감도 많다. 상사 목 조르기(Choking Strangler Boss)라는 장난감은 장난감 상사의 왼손을 누르면 아파도 야근을 해야 한다는 비아냥거리는 말이 나온다. 그러나 상사의 목을 조르면 상사의 두 눈알이 튀어나오고 팔다리를 허우적대면서 당신의 봉급은 인상되어야 한다거나 휴가를 받아야 한다는 말이 나온다.

공격적인 충동을 배출해 버리는 것이 압력을 낮추고 증기를 분출시켜 폭력적인 행동을 하지 않도록 해 준다는 주장은 그럴듯하다. 그러나 연구 결과를 보면 그렇지 않은 경우가 많다. 미국 호프스트라 대학교 심리학과 하워드 카시노브(Howard Kassinove) 교수는 분노를 밖으로 표출할 수 있다고 말한다. 소리 지르고, 고함치고, 비꼬고, 압박할 수 있다. 가끔은 소리 지르고 고함을 쳤을 때 정말 기분이 나아진다고 한다. 몸에서 엔도르핀이 나오고 격렬한 운동 후에 나타나는 도취감까지 느끼기 때문이라고 한다. 소리 지르고, 고함치면 기분이 나아지는 것을 느낄 수 있다는 것이다. 화를 참지 않고 분출해야 좋다는 인식은 오래전 정신분석학에서 비롯되었다. 감정을 해소할 수 있는 카타르시스적 활동이 공격성을 줄여준다는 것이다. 하지만 근본적인 해결책은 아니라고 한다. 그 이유는 분노를 느끼고 그것을 표출하기 시작할 때 그 순간에는 힘이 나는 것을 느끼게 되고 더 극한 상황으로 몰고 갈 수 있기 때문이라고 한다. 임상심리학자 이자 분노전문가인 매튜 맥케이(Mathew Mackay)는 '내가 이걸 바로 잡겠어, 조치하겠어.' '그게 무엇이든 참지 않겠어.' 그리고 잠시 이 고통을 통제할 수 있는 것처럼 느끼지만 문제는 일시적인 안정이 아주 잠시라는 것이다(EBS 다큐프라임, 2014).

화풀이를 애초에 자기를 화나게 한 사람에게 한다면 오히려 자신의 공격성이 강화된다. 자신을 모욕했던 사람을 쫓아가 폭력적인 화풀이를 하면, 자신을 모욕했던 사람을 용서하는 것이 아니라 더욱 비난하게 되는 것이다. 회사에서 해고된 사람들에게 고용주에게 분노를 표출할 기회를 주면, 분노를 표출하지 않은 해고자들보다 더욱 고용주에게 적대적인 태도를 보인다. 분노표출을 사람이 아닌 간접적으로 물건을 통해서 하더라도 마찬가지이다. 카타르시스를 느끼게 해 준다는 야구 같은 스포츠도 공격성을 더욱 증가시킬 수 있고, 폭력적인 비디오 게임은 말할 것도 없다. 이런 카타르시스는 오히려 분노나 공격성을 증가시킬 수 있다. 분노에 동반되는 생리적 상태는 공포와 비슷하다. 누군가를 공격할 때 처음에는 시상하부가 부신을 자극하여 코르티솔을 비롯한 스트레스 호르몬이 방출된다. 이들 호르몬은 다시 시상하부의 활동을 증가시킨다. 확대 재생산의 과정인 셈이다. 그래서 화가 나면 빠른 시간 안에 점점 화가 더 나게 되고, 싸움 초반에는 분노가 계속 커지는 것이다. 화내는 것으로 울분이 해소되기는커녕 분노라는 불길을 더욱 부채질하는 꼴이다.

분노표출은 분노의 원인을 밝혀 건설적으로 문제를 해결하는 과정을 통해서만 도움이 된다. 분노가 사회생활에 꼭 필요한 감정이기는 하지만, 분노를 파괴적으

분노심리와 성격 이해하고 다루기

로 폭발시키는 것은 좋지 않다. 상대방이 이해하지 못하는 분노표현은 상대방을 반성하게 만들기보다는 상대방을 더욱 화나게 한다. 누군가가 나한테 화를 냈는데 나는 잘못이 없다는 생각이 들면 그때 발산되는 분노는 처음의 세 배로 증폭된다. 순간적으로 느껴지는 분노는 발생 자체를 막을 수는 없지만, 표출 방법이나 표출 된 후 처리 과정이 중요하다. 자주 화내는 사람은 혈압이 올라가고 심장병에 더 많 이 걸린다. 비록 화가 나지만 다른 사람의 관점을 이해하려고 노력하면서 분노감 정을 말로 표현하는 사람들이, 그렇게 하지 못하는 사람들에 비해 혈압이 낮게 안 정적으로 유지된다. 그러나 여전히 많은 사람들이 카타르시스가 효과가 있다고 믿 고 있다. 분노를 최고의 순간에 폭발시키고 나면 어쨌든 기분이 나아지기 때문에 공격성을 표출하는 카타르시스 요법이 효과가 있다는 믿음이 강화되는 것으로 보 인다. 그런데 화라는 감정도 모든 감정과 마찬가지로 그냥 두면 시간이 지나면서 저절로 가라앉는다. 따라서 화를 참고 차분하게 자기가 화난 상황을 상대방이 이 해하도록 하는 것이 좋다. 일단 화를 버럭 내 버렸다고 하더라도 자신이 화난 상황 을 상대방이 공감하도록 한다면, 분노는 긍정적인 역할을 한다(최현석, 2012).

2) 분노 감정을 다스리는 전략

① 내면의 감정을 느끼고 표현하는 마음표현 훈련을 해야 한다.

분노의 감정도 인간이 가지고 있는 많은 감정 중의 하나이다. 분노라고 해서 무 조건 무시하거나 억압하고, 회피해서는 안 된다. 분노의 감정은 무조건 참아야 하 는 것이 아니라 상황에 맞게 다스려야 하는 감정이다. 감정에 휩싸이게 되면 우리 는 이성적으로 판단하지 못하고 감정적으로 행동하기가 쉽다. 그러므로 평소에도 내면의 감정을 느끼고 표현하는 마음표현 훈련을 해야 한다. 현재 자신이 느끼고 있는 감정이 기쁨인지, 두려움인지, 슬픔인지, 서러움인지, 수치심인지, 서운함인지, 안타까움인지, 아쉬움인지, 불안함인지, 우울함인지, 분노인지 등 내면이 느끼는 감정이 정확인 어떤 느낌인지를 잘 알아야 표현할 수 있다. 특히 분노의 감정으로 휩싸였다면 자신의 내면에 분노 이외에 다른 모든 감각을 통해 느끼고 표현하는 훈련을 해야 한다. 어떠한 상황에서도 자신이 느끼는 감정이 무슨 감정인지 느끼고, 생각하고, 표현해야 한다. 그래야 자신의 감정을 무시하거나, 억압하거나, 회피하지 않고 정확히 인지하고 표현할 수 있다. 그렇게 반복 훈련하게 되면 자신의 감정을 점점 잘 다루게 되고, 점진적으로 상황에 맞는 감정을 표현할 수 있는 능력이 길러진다. 이처럼 감정은 느끼는 것이 중요하다. 감정을 느껴야 표현하고, 조절하고, 다스리며 위로해 줄 수 있기 때문이다.

② 자기의 감정을 이해하고 설득해야 한다.

자신의 감정을 느끼고 표현하는 마음표현 훈련에 익숙해지면 자신의 감정이 긍정적인 감정인지, 부정적인 감정인지를 이성적으로 구분하며 느끼게 된다. 만약 자신의 감정이 부정적인 감정에 휩싸여 있다면 화를 내기 쉽다. 감정을 관리하고 건강하게 조절하는 것은 쉽지 않다. 하지만 평소에 마음표현 훈련을 잘해 왔다면 가능하다. 자신의 부정적인 감정을 느끼고 인지했다면 잠시 시간을 가져야 한다. 많은 시간이 필요한 것은 아니다. 30초에서 1분간 자신의 감정을 이해하고 설득해야 한다. 임상심리학자 이자 분노전문가 매튜 맥케이는 잠시만 멈추라고 말한다. 자신이 화가 난 것 같다거나 남을 비난하고 싶은 마음을 느꼈다면 잠시 상황 밖으로 물러나서 내가 화가 난 과정에 관해 생각해 보는 것이다. 자신의 감정들을 어떻게 대하고 싶은지, 어떻게 관계를 이끌어 가고 싶은지, 이 상황을 어떻게 다루고 싶은지, 이 순간에 당신이 어떤 사람이 되고 싶어 하는지를 알아야 한다고 말한다 (EBS 다큐프라임, 2014). 나의 선택에 따라 이 상황이 바뀐다는 것을 인지해야 한다. 만약 상황을 더 악화시키지 않고 싶다면 이성적으로 상황을 대처할 수 있도록

분노심리와 성격 이해하고 다루기

자신을 설득해야 한다. 자신의 생각이나 감정을 억압하는 것이 아니다. 자신의 생각이나 감정을 느끼고 표현할 수 있다면 삶은 더 풍성해지고, 감정을 스스로 이해시키고 설득할 수 있다면 더 성장하고 성숙해져 가는 것이다. 그만큼 자신이 행복해진다. 자신의 부정적인 감정을 다스리지 못하면 자신의 삶과 일에서 건강하고 성공적인 삶을 이루기가 어렵기 때문이다.

③ 내면의 상처에 대한 이해와 수용을 해야 한다.

우리가 감정적으로 예민하게 반응하는 것은 기본적으로 자신의 마음에 깊은 상처가 있다는 것이다. 내 마음속에 깊은 상처를 가지고 있기 때문에 외부의 작은 자극에도 쉽게 예민해지고 반응을 하는 것이다. 과거에 해결되지 않은 마음의 상처가 잠재되어 있다가 현재의 비슷한 경험을 하게 되면 아주 사소한 자극에도 내면의 분노가 튀어나와 쉽게 공격적인 행동을 보인다. 성장 과정에서 반드시 충족되어야 할 의존적인 욕구들이 채워지지 않으면 불행하게도 대부분의 사람들은 상처받은 아이를 내면에 지닌 채로 어른이 되어 버린다. 그리고 그 아이는 자신이 알고 있는 유일한 방법으로 욕구를 채우려고 매달린다. 정서적으로 굶주린 아이는 미성숙한 성인으로 성장하게 하며 건강하지 못한 삶을 지배할 수 있다는 것이다. 휴 미실다인(Huch Missidine)은 어린 시절 위로받지 못하고 자라난 내재적 과거 아이가 성인 속에 존재하면서 그 사람의 감정과 행동에 영향을 미친다고 하였다(이규석 역, 2006). 육체적으로는 성인이지만 사회적, 정신적, 감정적, 영적으로 성숙하지 못한 사람들이다. 어린 시절 충분히 사랑받지 못한 아이가 성인 속에 남아서 영향을 주고 있는 것이다. 어린 시절 부모로부터 사회로부터 부정적인 영향을 받으며 정상적으로 성장하지 못한 것이다. 성장 과정 속에서 적절한 욕구 충족과 사랑을 받지 못하고 성장할 경우 성격형성에 많은 영향을 주고 건강하지 못한 성격은 삶의 전반적인 부분에서 문제와 갈등의 원인이 된다.

마음의 상처는 개인마다 다르다. 하지만 기본적으로 자신에 대한 자아존중감이 낮고, 피해의식, 사람들이 나를 별로 좋아하지 않을 거라는 생각, 나를 무시한다는 느낌, 생명의 위협을 받았던 고통과 두려움 등의 정서적, 육체적으로 상처가 있는 경우 예민하게 반응을 하게 된다. 사람들은 대인관계에서 자신에게 조금만 부정적인 말을 해도 쉽게 상처를 받고 힘들어하며, 때로는 상대방에게 분노를 표출하는 경우도 있다. 예를 들어 우리의 피부는 평소에는 건드려도 전혀 아프지 않다. 하지만 피부가 살짝 까졌을 때를 생각해보면 살짝만 스치기만 해도 피부는 너무 많이 아프다. 이처럼 마음의 상처는 살짝 벗겨진 피부처럼 조그마한 외부의 자극에도 쉽게 통증을 느끼게 되고 반응을 하게 되는 것이다. 마음의 상처를 받지 않고 마음의 상처가 다른 사람을 공격하는 분노로 표출되지 않기 위해서는 자신의 내면을 단련하고 상처를 찾아 치유해야 한다. 나에 대한 사람들의 평가와 반응에 가볍게 생각하고 자신에 대한 이해와 수용을 하는 사람은 마음의 상처를 덜 받게 되고 내면에 상처가 있지 않은 경우가 많다. 결국 내 마음속 내면 깊이 가지고 있는 상처가 있기 때문에 외부의 자극에 쉽게 영향을 받게 되는 것이다. 그리고 무엇보다 자신을 예민하게 하고 자극시키는 근본적인 마음의 상처가 무엇인지를 살펴보는 것이 중요하다. 우리는 자신은 물론 타인의 생명과 안전에 지장 없을 만큼만 화를 내고 화병 걸리지 않을 만큼만 참아야 한다. 물론 순식간에 올라오는 인간의 감정을 그때, 그때 이성으로 조절을 할 수 있는 것은 쉬운 일이 아니다. 하지만 미국 호프스트라 대학교 심리학과 하워드 카시노브(Howard Kassinove)교수가 말했듯이 우리가 화내는 법을 배웠듯이 화내지 않는 방법도 배울 수 있다. 화에 대해 다르게 생각하고 다르게 반응하는 법을 배울 수 있다(EBS 다큐프라임, 2014).

④ 화를 내면서 상대방의 행동을 고치려 하지 말아야 한다.

감정적으로 상대방의 행동을 고치기는 쉽지 않다. 내가 감정적으로 상대방을 대

분노심리와 성격 이해하고 다루기

하면 상대방 역시 감정적으로 대응하기 때문이다. 자신을 공격한다고 생각하지 조언이나 훈계를 한다고 생각하지 않는다. 사람은 누구나 상대방이 나를 공격하면 무의식적으로 반응한다. 같이 맞서서 대응하거나 아니면 도망간다. 무시하거나 회피하는 것이다. 부모들은 아이들에게 화를 많이 내게 된다. 자신들도 아이들에게 화를 내지 않고 싶지만 '참다 참다' 어쩔 수 없이 화를 낸다고 말한다. 화를 내지 않으면 말을 듣지 않는다는 것이다. 자신이 화를 내는 이유에 대한 정당성을 말한다. 아이들 중에도 부모님이 화를 내면 더 긴장하고 더 빨리 움직이는 경우가 있다. 직장에서도 만찬가지이다. 부하직원들 중에도 직장상사가 늦어지는 업무처리에 대해서 화를 내고 분위기를 싸하게 해야 눈치를 보며 일처리를 서둘러 하는 사람도 있다. 당장은 권위와 힘에 눌려 움직이고, 자신의 말을 동의하고 따르는 것 같지만 그렇지 않다. 권위에 대한 불만과 분노만 쌓여 간다. 결국에는 갈등상황으로 이어지거나 자신의 이미지와 권위, 리더십(leadership)에 한계가 온다. 자신은 감정은 더 엉망이 되고 늘 화를 내는 사람으로 인식하게 되어 부모로서, 직장 상사로서의 권위와 인격에 손상이 되고 신뢰받지 못하는 사람이 될 수밖에 없다.

화를 내서 상대방을 움직이거나 통제하는 것은 하수에 속한다. 그리고 자신도 힘들어진다. 그만큼 많은 에너지를 소모하기 때문이다. 화를 낸다는 것은 지금 상대방이 자신의 의도대로 하지 않고 있다는 느낌을 받고 있다는 것이다. 자신의 느낌, 생각, 의도, 기준대로 상대방이 움직여 주기를 원하는 것이다. 물론 부모님 입장에서나, 직장상사 입장에서는 그럴 수 있다. 하지만 자신이 아이를 위해서 화를 내고, 조직을 위해서 화를 낸다면 아이와 조직을 위해서 방법을 바꿔야 한다. 아이의 건강한 성장과 조직의 화합과 성과, 창의성에 전혀 도움이 되지 않기 때문이다. 화를 내지 않고 상대방을 움직이려면 첫 번째는 규칙을 정하는 것이다. 가정 안에서 아이의 행동에 대한 규칙을 정하고 아이가 정해진 규칙 안에서는 자유롭게 행동할 수 있게 해주는 것이다. 두 번째는 정해진 규칙을 지키지 못했을 때 그에 따른 책임을 지게 하는 것이다. 정해진 규칙과 책임에 대한 부분은 집안에서는 아이와 직장에서는 조직원들과 대화와 동의를 거쳐 결정해야 한다. 부모나 직장상사가 무서워서, 두려워서, 권위 때문에 움직이는 것이 아니라 정해진 규칙과 책임성 때문에 움직이게 하는 것이다.

⑤ 자신에 대한 긍정적인 생각과 평가를 해야 한다.

자신에 대해서 긍정적인 생각과 평가를 하는 것은 매우 중요하다. 사람은 누구나 완벽할 수 없다. 그러기 때문에 자신에 대한 생각과 평가도 긍정적인 면과 부정적인 면을 다 인정하고 수용해야 한다. 자신을 존중하고 가치 있게 생각하는 것은 자아존중감이다. 자아존중감은 자신에 대한 평가적인 요소와 감정적 요소로 생각할 수 있다. 자신에 대한 평가와 가치를 자신이 어떻게 생각하고 평가하느냐는 매우 중요한 요소이다. 자아존중감이 높은 사람은 자기 자신과 타인을 잘 수용하고 자신과 타인의 능력을 잘 인식한다. 주위환경이나 사회적 관계에서 안정감을 느끼며 소속감을 가진다. 문제 상황에서도 자신감을 가지고 도전하여 성취감이 높으며, 자기행동에 대한 책임감도 높다. 그러나 자아존중감이 낮은 사람은 실패를 두려워하여 모험하는 일이 적고 타인에 대한 의식과 평가에 예민하다.

낮은 자아존중감은 내면에 수치심이 자리 잡고 있다. 앞에서 수치심에 의한 분노에서 살펴보았다. 수치심은 자신이 부족하고, 무력하고, 작다고 느끼는 고통스러운 정서이며, 내면으로부터 만들어지는 상처이다. 자신에 대한 전반적인 부정적 정서이자 평가인 것이다. 내면화된 수치심은 어린 시절 양육자와의 경험으로부터 생겨나 생애 전반에 걸쳐 자리를 잡은 내면화된 특성이다. 초기 양육자와의 경험에서 자신이 결함 있고, 가치 없다는 느낌이 내재화되어 타인과의 관계에서 노

분노심리와 성격 이해하고 다루기

출되는 것에 대한 두려움과 무기력한 정서이다. Mary Ainsworth(1978)의 애착이론에 의하면 양육자가 아이에 대해서 수용적이고, 규칙적이며, 안정적으로 아이의 욕구에 반응하고, 자율성을 격려받으며 성장한 아이는 심리적인 안정감과 욕구가 적절히 충족되기 때문에 부모와의 안정애착을 형성하게 된다고 한다. 안정애착이 형성된 아이는 자아존중감이 높고 인간관계에도 좋은 영향을 주는 것으로 나타났다. 반면 안정적인 애착관계가 형성되지 못한 아동의 경우 자기표현 억제, 우울, 사회불안, 적대적, 분노, 외로움 등, 정서적으로 안정감이 부족하여 자신은 물론 인간관계에 좋지 않은 영향을 미치게 된다. 대인관계에서도 수치심을 경험하게 되면 자기 전체가 부정되고 시선을 회피하고 신체가 위축되며, 내적으로는 도망가거나 숨고 싶은 생각이 든다. 수치심이 모욕감과 분노로 전환되어 상대방을 공격하거나 상대방에게 잘못을 투사하거나 비난을 하게 된다. 내면화된 수치심이 높을수록 공격성이 높다.

이러한 낮은 자아존중감, 수치심이 공격성으로 외현화되지 않기 위해서는 자신에 대한 비합리적이고, 부정적인 생각을 버려야 한다. 자신에 대한 객관적이고, 합리적인 긍정적 평가를 해야 한다. 자신에 대한 객관적이고, 합리적인 긍정적 평가는 자기 스스로 자신을 존중하고, 가치 있게 평가하는 것이다. 타인의 평가에 너무 예민하게 반응하거나 의존해서는 안 된다. 자신이 다른 사람들보다 못하다는 생각보다는 자신이 다른 사람보다 잘하는 것을 찾고, 긍정적으로 평가하는 것이다. 부족한 점이 있다면 더 노력을 해서 극복하면 된다는 생각을 해야 한다. 아들러(Adler)는 열등감이 오히려 성장할 수 있는 에너지라고 말했다. 개인은 신체의 열등감뿐 아니라 심리적인 또는 사회적인 무능감으로부터 생기는 주관적인 열등의식도 보상하고자 한다고 말했다. 아들러는 인간이 된다는 것은 자신이 열등하게 느끼는 것을 의미하고, 열등감과 우월감, 그리고 자기완성은 동전의 양면이라고 했다. 아들러가 지적한 것처럼 자신의 열등감을 어떻게 극복하느냐가 자기완성을 위해 중요하다. 자기가 열등하거나 남보다 떨어진 측면을 보상하기 위해 그러한 측면을 똑바로 보고 그것을 극복하기 위해 노력하는 자세가 중요하다고 말한다(김용은, 2014). 자신의 단점에는 얽매여 있는 것이 아니라 부드럽고 유연하게 대처하고 조금씩 성장시키면 된다. 물론 자신의 장점을 찾아 개발하고, 부각시키고 성장시키는 데 많은 시간과 노력을 들여야 한다. 세상에서 제일 중요한 것은 자기 자신이며, 자신을 극복하는 사람은 자신의 위치에서 최고의 성취감과 성공자가 될 수 있다.

⑥ 내가 먼저 상대방에 대한 존중과 인정을 해야 한다.

자아존중감이 낮거나, 수치심 때문에 분노를 일으키는 사람은 자신의 수치심을 다른 사람에게 투사하거나 공격성으로 나타난다. 상대방을 비판하거나 공격적으로 대하는 것은 자신의 수치심을 피하고, 자신이 더 수용되고 존중받고 싶은 마음을 감추기 위한 방어행동이다. 상대적으로 상대방을 무시하고 비난함으로써 자신을 높이고 싶은 마음이다. 건강하지 못한 자기표현이다. 모든 인간은 인간으로서 존엄성과 가치를 인정받고 누릴 수 있는 권리가 있다. 자신은 물론 모든 사람들은 존중받을 만한 존재이며, 존중해야 한다. 내가 먼저 상대방을 존중하고 인정하는 태도를 보여 주면 상대방도 나를 존중하고 인정하는 태도를 취할 것이다. 옛 속담에 '가는 말이 고아야 오는 말이 곱다'는 말이 있다. 또한 '웃는 얼굴에 침 뱉지 않는다'는 말이 있다.' 미소 짓는 거울 속에 내 모습을 보기 위해서는 내가 먼저 미소를 지어야 한다. 상대방이 나에게 미소 짓는 모습을 보기 위해서는 내가 먼저 미소를 지어야 한다. 인격적으로 대접받으려면 나부터 상대방에 대한 믿음과 신뢰를 가지고 예의를 갖추어 인격적인 대우를 해야 한다.

상대방과 대화를 할 때도 상대방의 시선을 피하지 않아야 한다. 상대방의 눈을 바라보고 대화를 하는 것은 상대를 신뢰하고, 존중하는 것이고, 자신의 말이 진실이며, 당당함을 표현하는 것이다. 상대방의 눈을 바라볼 때 우리 몸 안에서는 긍정적인 페닐에틸아민(Phenylethylamine)과 옥시토신(Oxytocin) 호르몬이 증가한다. 페닐에틸아민은 사랑의 호르몬이고, 옥시토신은 행복감을 주는 호르몬이다. 미국의 심리학자 갤러먼과 루이스(1989)은 낭만적인 실험을 했다. 전혀 서로를 모르는 남녀, 48명을 모집하여 아주 특별한 실험을 했다. 48명을 두 그룹으로 나눈 뒤에 한 그룹에게는 특별한 지시가 없었고, 다른 그룹에게는 2분간 서로 눈을 마주보게 하였다. 2분 후 특별한 지시가 없었던 그룹에 비해, 2분 동안 서로의 눈을 마주보았던 그룹에서 의미 있는 결과를 얻었다. 눈을 2분 동안 마주보았던 그룹에서는 "가까이서 보니 그녀의 눈이 참 예쁘게 보였습니다.", "눈을 마주치고 있으니 나도 모르게 설레어요." 하고 말을 했다. 서로에 대한 긍정적인 생각과 호감도가 상승했다. 이 연구를 통해 "눈 맞춤은 호감도와 비례한다."라는 결론을 내렸다. 또한 미국과학진흥회(American Association for the Advancement of Science) 사이언스(Science)에 실린 일본 연구진의 연구결과도 아주 흥미롭다. 일본 연구진은 애완견과 사람이 눈을 마주치면 행복 호르몬인 옥시토신이 증가한다는 것을 발견했다. 일본 연구진은 사람이 애완견을 마주보거나, 쓰다듬거나, 말을 걸 때 개와 사람의 몸에 어떠한 변화가 일어나는지를 살펴보았다. 애완견과 사람이 100초 이상 눈을 마주쳤을 때 행복과 사랑의 호르몬인 옥시토신이 사람 몸에서 평소보다 4배가 증가했다고 한다. 애완견도 평소보다 30%가 증가했다고 한다. 개와 사람은 전혀 다른 종인데도 불구하고 부모와 자식, 연인관계처럼 눈을 마주보게 되면 행복호르몬이 생성되고 정서적으로 안정감을 느끼게 되며, 더 오래 봐라보게 되고 선순환 현상이 일어난다고 했다(국제학술지 사이언스). 대화할 때 상대방의 눈을 바라보고 대화하게 되면 사랑과 행복의 호르몬이 증가하여 서로에게 호감을 주고 긍정적인 인간관계를 만들어 갈 수 있다는 것이다. 상대방의 눈을 바라보고 대화를 하는 것은 사회적 상호작용의 시작이다. 그렇다고 너무 똑바로 눈을 쳐다보면 민망해서 상대방이 말하기가 부담스러울 수 있다. 가장 좋은 시선은 눈과 눈 사이의 미간을 보는 것이 좋다. 그리고 대화의 주제나 상대방의 이야기의 상황에 맞추어 고개를 끄덕이던지, 아니면 공감하는 반응을 하면 된다. 비판하기보다는 칭찬을 하고 단점보다는 장점을 보려고 노력해야 한다.

⑦ 적대적인 생각을 중단하고 관심을 돌려야 한다.

자신 안에 있는 적대감은 언제든지 분노로 상대방에게 표출될 수 있다. 내가 친구하고 약속을 했다고 가정하자. 만약 친구가 약속 시간이 넘었는데도 연락도 없이 오지 않는 상황이 계속된다면 나의 감정은 어떨까? 처음에는 '왜 안 오지?' 하는 걱정 섞인 의문이 들게 된다. 그리고 시간이 지나갈수록 걱정은 화로 발전하게 된다. 늦는다는 연락도 없이 약속 장소에 오지를 않는 친구에 대해서 점점 부정적인 감정이 올라오기 시작한다. 설성가상으로 늦게 온 친구가 늦은 것에 대한 미안하다는 말도 없이 10분째 늦은 것에 대한 자신의 이야기만 한다면, 친구의 이기적인 생각과 태도에 화가 날 것이다. 이때 화를 내지 않고 관계를 유지시킬 수 있는 방법이 있을까? 화와 관련된 어떤 상태가 존재하는데 이것들을 우리가 의식적이건 그렇지 않던, 어떻게 해석하느냐에 따라 화로 가거나 아니면 다른 감정으로 가거나, 감정이 일어나지 않을 수도 있다. 자신이 보고, 느끼고, 생각하고, 판단하는 그 사람의 행동이나 동기가 자신의 주관적인 판단일 수 있다. 친구는 미안하다고 말은 하지 않았지만 늦게 온 것에 대한 미안한 마음을 변명으로 늘어놓고 있을 수 있다. 그 사람의 행동이나 동기를 보다 신중하게 생각하고 살펴보아야 한다. 자신 또한 누군가에게 오해를 받을 수 있기 때문이다.

분노심리와 성격 이해하고 다루기

친구를 기다리는 시간 동안 한편으로 걱정도 되었지만 친구가 자신을 무시하고, 자신의 시간을 침해받았다는 생각에 친구에 대한 부정적인 감정이 들고 적대적으로 대할 수 있다. 이럴 때 친구에 대한 부정적인 감정, 생각, 충동을 중단하고 관심사를 바꾸는 것이다. 친구를 기다리는 한 시간 동안 책을 읽으면서 자신만의 시간을 보낸다. 그리고 전화 연락도 할 수 없는 피치 못할 사정이 있나 보다 하는 생각으로 마음의 생각을 전환 시켜야 한다. 그러면 자신이 무시당하거나 시간을 침해받았다는 생각이 들지 않아 화를 내지 않는 상황으로 만들 수 있다. 친구의 만남을 어떻게 구성하고 어떻게 행동할 것인가에 대한 선택권은 자신에게 있다. 자신 스스로 선택하고 책임지면 친구에게 화를 내지 않고도 관계를 유지시킬 수 있다. 사람이나 상황에 대한 부정적이고 적대적인 생각을 긍정적이고 건전한 방법으로 전환시킨다면 분노를 가라앉히고 마음의 평정을 찾을 수 있다.

⑧ 자신의 생각을 잘 주장해야 한다.

우리는 관계를 통해 성장하고, 관계를 통해 삶을 영위해 나간다. 인간관계는 인간이 살아가는 원동력이며 삶의 의미이다. 달라이 라마(Dalai Lama)는 행복이란 나와 타인을 사랑하는 마음에서부터 비롯된다고 말한다. 성경에서도 예수는 '네 이웃을 네 몸과 같이 사랑하라'고 말한다. 우리가 삶에서 추구하는 것이 행복이라면, 친밀감은 행복한 삶을 위한 중요한 요소라고 한다. 많은 사람들과 친밀한 관계를 맺고 사는 것이 자신의 행복감에 많은 영향을 줄 수 있다는 말이다. 결국 인간관계 긍정적으로 만들어 가는 사람이 건강한 삶을 살 수 있다는 말일 수도 있다. 인간관계에 있어서 가장 중요한 것은 의사소통이다. 의사소통은 인간이 살아가는 방법이기 때문이다. 의사소통이 일방통행이거나 단절된다면 사람들은 서로 갈 방향을 잃고 헤매거나 주저앉거나 서로를 불신하게 된다. 인간의 의사소통 안에는 인간의 모든 생각, 느낌, 감정, 행동들이 들어가 있다. 그러기 때문에 서로 소통한다는 것은 매우 중요하고 안정적이라는 뜻이다. 그래서 개인이나, 공동체나, 조직이나, 국가나 소통은 매우 중요한 요소이다. 개인 간의 소통의 부재는 인간관계에 부정적인 영향과 개인의 성장을 방해한다. 의사소통하는 데 있어서 자신의 긍정적인 감정과 부정적인 감정을 다양하게 느끼고 잘 표현하는 사람이 건강한 사람이다. 부정적인 감정을 무조건 억압하고 무시하고 회피하는 것이 아니라 자신의 생각과 의도를 상대방의 감정을 건드리지 않고 표현하는 것은 많은 노력과 시간이 필요하다. 자신의 생각을 주장하는 것은 상황을 피하는 것이 아니라 스스로 자신을 상황 속으로 밀어 넣는 것이다. 자기주장은 상대방으로 하여금 어떤 행동변화를 하도록 요구하는 것으로 공격성과는 다르다.

자신의 요구를 침착하고도 정중하게 전달할 수 있어야 한다. 그러기 위해서는 첫 번째는 정중한 목소리로 말을 해야 한다. 너무 크거나 빠르게 말을 해서는 안 된다. 또한 비언어적인 요소인 얼굴의 표정, 몸짓, 억양, 말투 등을 조심해야 한다. 아무리 말을 정중한 태도로 하여도 비언어적인 태도가 상대방의 마음을 상하게 하고 정중한 대우를 받지 않았다고 느낄 수 있기 때문이다. 두 번째는 자신의 감정을 상대방과 함께 나누어야 한다. 어떠한 상황에서도 자신이 경험한 감정은 자신이 가장 잘 안다. 상대방이 상황에 대해 반박이나 변명을 할 수 있다. 그렇다고 자신의 감정을 부정할 수는 없다. 자신이 상대방의 언행을 통해 느꼈던 부정적인 감정을 없앨 수 있도록 정중하게 상대방에게 말을 하고 도와달라고 부탁을 해야 한다. 세 번째는 무조건 자신의 생각을 주장하는 것이 아니라 상대방의 말에도 잘 경청하는 것도 중요하다. 상대방이 자신의 이야기를 잘 들어준다는 느낌을 받으면 마음이 편안해지고 상대방의 말에도 귀를 기울이게 된다. 네 번째는 자신의 생각을 주장할 때는 말이나 태도를 확실하게 해야 한다. 두리뭉실하게 표현하지 말고 구체적으로 말을 표현해야 한다. 다섯 번째는 상대방의 생각이나 감정에 대해서 말을 해

분노심리와 성격 이해하고 다루기

서는 안 된다. 상대방의 생각에 쓸모없는 가정이나, 추정, 판단해서는 안 된다. 자신도 자신의 감정과 의도도 잘 모르는데 정확하지도 않은 상대방의 감정과 의도를 말해 감정을 상하게 할 필요가 없다. 마지막으로 둘만의 관계에 다른 사람을 끼어들게 해서는 안 된다. 특히 자신의 생각이나 감정, 의도를 정당화하기 위해서 다른 사람을 끌어들이는 것은 오해를 더 할 수 있고 오히려 상황을 악화시킬 수 있다.

⑨ 명상을 통해 분노 다스리기

화는 상황에 대한 부정적인 느낌과 감정인식으로 인해 생겨난다. 명상은 판단에 틀을 버리고 감각을 열어 있는 그대로의 감정을 느끼는 훈련을 하는 것이다. 화는 피해야 할 대상도 아니고 억눌러야 할 감정도 아니다. 명상을 통해 투명하게 있는 그대로의 감정으로 받아들여 건강한 정서를 활용함으로써 균형을 잡아주는 것이 중요하다. 명상은 분노의 감정에 휩싸여서 자신 안에 있는 다른 감정을 느끼지 못했던 것을 느끼는 훈련이다. 자신 안에는 여러 가지 감정이 있다. 분노로 인해 자신 안에 있는 다른 감정을 느끼지 못하고 분노로 표출되고 있는지 모른다. 슬픔, 기쁨, 수치심, 외로움, 공포, 두려움, 불안 등 많은 감정들이 있다. 이러한 감정들을 느끼고 상황에 따라 맞게 자신을 표현해야 한다. 명상을 통해 자신 안에 있는 여러 가지 감정들을 느끼는 연습을 하는 것이다. 분노의 상황에서 정확하게 자신의 감정을 느끼고 이해할 수 있다면 건강하게 표현할 수 있다. 이제는 습관의 고리를 끊는 것이다. 또한 바꾸는 것이다. 화가 났을 때의 감정을 내가 먼저 인지하는 것이다. 정확히 어떠한 감정이 나를 분노하게 하는지를 인식할 수 있다. 명상을 통해 화를 선택할 수 있는 힘이 내 안에 있다는 것을 경험하게 된다. 자신의 부정적인 생각과 감정이 화로 갔을 때 어떤 결과를 가져오고 자신과 상대방에게 어떠한 부정적인 영향을 미칠 수 있다는 것을 알기 때문에 내가 좋은 선택을 할 수 있는 힘이 생긴다.

⑩ 용서를 해야 한다.

미국의 정신과 의사인 리차드 피치본(Richard Fitzgibbons)은 임상적 경험을 통해서 환자가 자신에게 잘못한 사람을 용서하게 될 때, 비로써 분노와 보복 심리로부터 벗어난다고 한다. 용서는 과거의 고통을 해결하는 열쇠이다. 열쇠가 없으면 잠겨 있는 문을 열 수 없듯이 용서가 없다면 그 어떤 것도 찾지 못한다. 정신분석학자 로버트 갠런(Robert Gallun)은 '용서는 누군가를 다시 마음속으로 받아들이는 일이다.'라고 말했다. 즉 용서란 자신을 해친 사람에게 연민과 관용을 베푸는 행위라는 것이다. 용서는 치유의 과정인 동시에 변신의 과정이다. 성경에서 예수의 제자가 스승인 예수께 용서에 대해서 물어 본다. 자신이 알고 있는 율법적인 상식으로 반문을 한다. 그때 예수는 일흔 번씩 일곱 번이라도 해야 한다고 말한다. 산술적으로 490번을 용서해야 한다는 말이 아닌 용서에는 제한이 없다는 말이다. 어떻게 이러한 일이 가능할까? 쉽지 않다. 아니 불가능한 일이다. 그럼 불가능한 일을 예수는 왜 하라고 하는 것일까? 용서는 자신을 위한 일이며, 상대방을 받아들이는 마음이다. 2000년 불법 유턴차량에 의해 하반신 마비가 된 가수 강원래 씨는 사고 이후 상대 가해자와 자신에 대한 엄청난 분노로 힘들었던 시기가 있었다고 한다. 하지만 상대방을 용서하는 순간 오히려 자신의 마음이 편해지고 삶이 긍정적으로 변했다고 한다. 상대방을 용서하지 않고 마음에 적개심과 분노를 갖고 있으면 자신의 마음이 늘 안정감을 잃고 우울, 불안, 분노로 사로잡혀 일상적인 생활에 어려움을 겪게 된다. 마음의 답답함, 가슴통증, 투통, 수면장애, 소화불량, 호흡곤란, 얼굴이 화끈거림, 심장내혈관 질환 등 신체적인 증상으로 나타나는 '화병'으로 이어질 수 있다. 그러기 때문에 용서는 자신을 위해서 해야 하는 것이다. 그리고 자신에게 상처를 준 사람에 대한 긍휼한 마음이 들 때 비로소 용서가 가능하다. 나에게 상처를 준 상대방이 너무나 불쌍하고 가여운 생각이 드는 것이다. 자신의 모습을 보지 못하고 자신의 틀 안에 갇혀 세상과 단절해 가는 모습이 너무 안타까운 마음

분노심리와 성격 이해하고 다루기

이 들 때, 내가 용서하지 않으면 도저히 회복될 수 없는 사람을 용서하는 것이다.

   용서는 과거로부터의 해방이다. 용서는 상대방의 잘못된 행동을 비롯한 모든 것은 과거에 일어난 일이다. 자신이 아직 누군가를 용서하지 못하고 있다면 자신의 삶은 아직 과거에 머물러 있는 것이다. 과거에 매여 있다면 현재의 삶과 미래의 삶도 과거에 머물러 있을 수밖에 없다. 내가 원하지 않는 삶이 현재에도 미래에도 누군가에 의해 매여 있다면 너무 억울하고, 분한 마음을 벗어 버릴 수가 없게 되고, 순간순간 자신의 몸과 마음을 흔들어 놓을 수밖에 없다. 자신의 삶의 주인이 되어야 한다. 모든 것은 자신이 결정해야 한다. 타인의 의해서 자신이 삶이 결정되어서는 안 된다. 자신이 상대방을 용서하는 순간 과거의 상처와 부정적인 경험의 삶에서 벗어날 수 있다. 자신의 삶의 주인이 된다. 하지만 자신은 늘 착한 사람이고 가해자는 늘 나쁜 사람이라는 생각은 버려야 한다. 용서하는 일은 우리에게 상처를 입힌 사람들과 아무런 관련이 없다. 나중에라도 그들이 전혀 개입할 필요가 없다. 용서는 자신을 위한 일이며, 용서는 자신을 자유롭게 한다. 우리는 마음 안에 미움, 증오, 분노를 버릴 수는 없다. 아니 가지고 있어야 한다. 왜냐하면 미움, 증오, 분노를 통해 진정한 용서와 사랑을 깨닫게 해주기 때문이다.

분노심리 역동성검사

Korea Rage Type Psychological Dynamic Indicator

저자 김용은

 한국에니어그램 심리역동연구소

분노심리 역동성검사 전 읽어 보기

1. 이 검사는 자신의 분노의 모습을 더 객관적으로 이해할 수 있도록 돕는 분노유형 검사입니다.

2. 유형별 분노 검사를 통해 자신이 가진 분노의 유형을 진단할 수 있으며, 분노의 감 정을 스스로 통제하고 잘 대처할 수 있는 지혜를 줄 것입니다.

3. 이 검사를 통해 내 자신뿐만 아니라 다른 사람의 분노역동성을 이해 할 수 있어 인간관계에서 오는 많은 오해와 갈등을 지혜롭게 대처하고 개선함으로써 진정한 화해를 이루어 낼 수 있습니다.

4. 이 검사의 문항은 60문항으로 되어 있으며, 각 문항은 5점 척도와 6가지 분노유형이 각각 표현하는 감정, 생각, 행동 등을 설명하는 문항으로 이루어져 있습니다.

5. 각 문항에 질문을 읽고 평소에 자신의 생각이나 감정, 행동하는 반응의 정도 또는 평소에 자연스럽고 습관적으로 행동하는 경향에 따라 다섯 가지 보기 중에서 해당하는 번호를 적으시면 됩니다.
(① 전혀 그렇지 않다 ② 그렇지 않다 ③ 보통이다 ④ 그렇다 ⑤ 매우 그렇다)

6. 이 검사의 시간제한은 없지만 질문에 대하여 너무 오래 생각하거나 일관성 있게 답을 하려고 하지 마시기 바랍니다.

7. 각 문항은 하나도 빠짐없이 응답하여 주시기 바랍니다.

8. 응답지를 작성 중 표기를 잘못 했을 경우에는 오답에 X표를 한 후 새로운 번호를 적어 넣으시면 됩니다.

분노심리와 성격 이해하고 다루기

검 사 자				성 별	나이	성 명	분노지수
				남 여			

분노심리 역동성 프로파일

합계	A	B	C	D	E	F	G
환산점수							
분노유형	돌발성 분 노	잠재성 분 노	생존성 분 노	체념성 분 노	수치감 분 노	버림감 분 노	분노 지수

분노심리 역동성 변환점수

유형 점수	유형별 분노수준								
100	높 은 수 준	분노의 행동화 가능성							
95									
90									
85									
80									
75									
70									
65									
60	평 균 수 준	평균 이상							
55									
50		평균							
45									
40		평균 이하							
35									
30	낮 은 수 준	분노 조절							
25									
20									
15									
10									
5									
환산 점수	분노수준		돌발성 분 노	잠재성 분 노	생존성 분 노	체념성 분 노	수치감 분 노	버림감 분 노	분노 지수

※ 유형별 분노 검사는 당신의 분노심리유형을 알아보기 위한 검사로 총 60문항으로 이루어져 있으며 5점 척도입니다.

1	2	3	4	5
전혀 그렇지 않다	그렇지 않다	보통이다	그렇다	매우 그렇다

번호	문항	척도
1	나는 화가 날 때 화가 급속도로 올라오는 경향이 있다.	
2	나는 사람들이 자신의 잘못을 인정하지 않고 은근슬쩍 넘어가려는 것을 보면 화가 난다.	
3	나는 화를 참을 때까지는 참지만 나의 한계를 넘게 되면 욱하며 화를 낸 적이 있다.	
4	나에게 있어서 타인의 평가는 매우 중요하다.	
5	나는 나를 화나게 한 사람이 따뜻한 말이나 안심을 시키는 위로의 말을 해주어도 쉽게 받아들이기가 어렵다.	
6	나는 사람들이 나를 무시하는 것 같은 느낌과 생각을 가끔 한다.	
7	나는 가끔 화가 너무 나서 말이나 행동을 주체할 수 없다.	
8	나는 사람들을 쉽게 용서하지 못하는 편이다.	
9	나는 나를 스스로 통제 할 수 없는 상황에 처하면 화가 나고 무기력한 느낌이 든다.	
10	나는 가끔 사람들이 나를 능력이 없는 사람이라고 생각할까 봐 걱정이 된다.	
11	나는 가족들이나 친구들하고 말다툼을 할 때 상대방에게 모욕을 주는 것이 효과적이라고 생각한다.	
12	나는 내가 한 일에 대한 적절한 평가와 인정을 받지 못하면 화가 난다.	
13	사람들은 내가 화가 많이 났을 때 무섭고, 정신 나간 사람 같다고 말한다.	
14	나는 화가 점점 쌓여 가도 쉽게 나를 화나게 한 상대방이나, 사람들에게 화난 감정을 잘 표현하지 않는다.	
15	나는 내 뜻대로 일이 되지 않으면 물건을 부수거나, 주먹으로 무언가를 치거나, 소리를 지르는 일이 가끔 있다.	
16	나는 누군가 내 잘못을 지적했을 때 창피하기도 하지만, 괜히 상대방에게 화도 난다.	
17	나는 화가 날 때 스스로 삭히는 것은 별로 좋은 생각이라고 생각하지 않는다.	
18	나는 사람들에게 부당한 대우를 받았다는 느낌이 들면 그 일을 많이 생각하는 편이다.	
19	나는 내 뜻대로 할 수 없는 통제 상황이나 그러한 상황을 만드는 사람들이 싫다.	
20	나는 내가 당한 만큼 갚아주기 위해 상대를 고의적으로 상처를 준 적이 있다.	

분노심리와 성격 이해하고 다루기

※ 유형별 분노 검사는 당신의 분노심리유형을 알아보기 위한 검사로 총 60문항으로 이루어져 있으며 5점 척도입니다.

1	2	3	4	5
전혀 그렇지 않다	그렇지 않다	보통이다	그렇다	매우 그렇다

번호	문항	척도
21	나는 화가 너무 나면 무슨 일을 해서라도 화를 풀어야 직성이 풀린다.	
22	나는 사람들의 조언에 민감하다는 소리를 주변 사람들에게 가끔 듣는다.	
23	내가 화를 낼 때, 잠깐이지만 이성을 잃고 감정이나 행동을 표출하는 경우가 종종 있는 것 같다.	
24	나는 나의 배우자(이성친구)에게 이유 없이 화를 내는 경우가 종종 있다.	
25	나는 화가 많이 났을 때 나도 모르게 내 자신을 통제 못해 누군가에게 피해를 줄 수 있다는 생각을 가끔 한다.	
26	내가 다른 사람과 몸싸움이 났을 때 여러 사람들이 달려들어 간신히 나를 떼어 놓을 때가 있었다.	
27	나는 나를 통제하거나 지배하려는 사람들에게 화를 표출하거나 복수하는 생각을 품은 적이 있다.	
28	다른 사람이나, 어떠한 상황이 나를 화나게 하는 경우가 많은 것 같다.	
29	나는 나의 배우자(이성친구)가 나에게 혼자만 있고 싶다는 말을 하게 되면 감정이 상하고 화가 난다.	
30	나는 화가 많이 나면 평상시 모습이 아니라 다른 사람이 되는 것 같은 느낌이다.	
31	나는 화가 많이 나서 나를 화나게 한 상대방에게 강하게 경고를 하거나 심지어 위협을 한 적도 있다.	
32	나는 사람들이 나를 존중하지 않으면 화가 난다.	
33	나는 내 주변 사람들이 언젠가는 나를 떠날 것이라는 생각을 한다.	
34	나는 누군가와 싸우게 되면 평소보다 힘이 더 세지는 것 같다.	
35	나는 나의 배우자(이성친구)가 바람을 피거나, 나를 떠날지 모른다는 생각을 가끔 한다.	
36	나는 사람들이 내 말을 듣지 않고, 나를 인정하지 않는다는 느낌이 들면 화가 난다.	
37	나는 잘 놀래는 편이다. 누가 뒤에서 어깨만 살짝 쳐도 화들짝 놀란다.	
38	나는 사람들이 나를 무시한다는 생각이 들면 무척 화가 난다.	
39	나는 누구와 언쟁을 하게 되면 상대방보다 더 화를 내는 것 같다.	
40	나는 하는 일이 잘 풀리지 않으면 쉽게 포기하고 좌절감을 느낀다.	

※ 유형별 분노 검사는 당신의 분노심리유형을 알아보기 위한 검사로 총 60문항으로 이루어져 있으며 5점 척도입니다.

1	2	3	4	5
전혀 그렇지 않다	그렇지 않다	보통이다	그렇다	매우 그렇다

번호	문항	척도
41	나는 과거에 모욕을 당했거나 상처받았던 일을 잊지 않고 마음에 담아 두는 편이다.	
42	나는 화가 나면 내가 마치 살아남기 위해 싸우는 것 같은 기분이 든다.	
43	나는 내가 버림받았거나 배신당했다는 생각이 들면 화가 난다.	
44	누군가 나를 자기 의도대로 조정하려한다는 느낌이 들면 화가 난다.	
45	나는 과거에 당한 모욕 때문에 난 화가 누그러지거나, 풀리기는커녕 시간이 지날수록 더 심해진다.	
46	나는 내 자신을 지키기 위해 물불 안 가리고 화를 터뜨린 적이 있다.	
47	나는 다른 사람에 비해 질투심이 많은 편이라고 생각을 한다.	
48	나는 내가 스스로 할 수 있는 일을 다른 사람이 간섭을 하면 화가 난다.	
49	나는 가끔 나를 다치게 한 사람들에게 복수하는 강렬한 환상을 할 때가 있다.	
50	나는 정말 화가 나면서도 사실은 두려운 위기상황에서 본능적으로 싸울 것인지 도망칠 것인지를 결정하는 반응을 보인다.	
51	나는 누군가 나를 모욕하거나 협박하면 즉각 분노가 치밀어 온다.	
52	나는 나에 대한 사람들의 부정적인 평가가 마음속에서 쉽게 없어지지 않는다.	
53	나는 주변 사람들에게(배우자, 자녀, 친구, 동료)내가 더 사랑하고, 챙겨주고, 관심을 가져주는 것이 훨씬 많아서 가끔 손해를 보는 기분이 든다.	
54	나는 화가 많이 난 후에 기억이 끊어져서 내가 한 말이나 행동이 기억이 나지 않은 적이 있다.(술, 약물을 복용하지 않은 상태)	
55	나는 내가 화를 겉으로 드러내지 않아서 그렇지 속으로 얼마나 화가 났는지를 알면 사람들은 놀랄 것이다.	
56	나는 사랑하는 사람들로부터 냉대를 받거나 무시를 당하면 견디기 정말 힘들다.	
57	나는 말싸움도 어쩔 때는 목숨을 걸고 하는 것 같다.	
58	나는 과거에 나를 버리고 떠나간 친구 또는 이성에게 복수를 해야 한다는 생각을 한 적이 있다.	
59	나는 다른 사람이 내게 저지른 짓 때문에 그 사람을 증오한 적이 있다.	
60	나는 나와 관련된 일이나 내 물건을 나의 동의나 허락 없이 말을 하거나 사용하면 몹시 화가 난다.	

분노심리와 성격 이해하고 다루기

유형별 분노 원점수 답안지

번호	1	2	3	4	5	6	7	8	9	10	11	12	13	14	15
점수															
번호	16	17	18	19	20	21	22	23	24	25	26	27	28	29	30
점수															
번호	31	32	33	34	35	36	37	38	39	40	41	42	43	44	45
점수															
번호	46	47	48	49	50	51	52	53	54	55	56	57	58	59	60
점수															

각 문항을 읽고 적어 넣은 번호를 답안지 번호 밑에 옮겨 적으세요.　　　　표-1 분노 답안지

유형별 분노 원점수의 합

번호	1	7	11	13	17	23	25	30	51	54	A 합계점수
점수											
번호	2	8	14	20	28	41	45	49	55	59	B 합계점수
점수											
번호	26	31	34	37	39	42	46	50	57	60	C 합계점수
점수											
번호	3	9	15	19	21	27	36	40	44	48	D 합계점수
점수											
번호	4	6	10	12	16	18	22	32	38	52	E 합계점수
점수											
번호	5	24	29	33	35	43	47	53	56	58	F 합계점수
점수											

각 문항에 맞는 번호에 옮겨 적은 후 가로의 합을 구합니다.　　　　표-2 유형별 분노 원점수의 합

유형별 분노 환산점수표

합계 점수	1	2	3	4	5	6	7	8	9	10	11	12	13	14	15
환산 점수	2	4	6	8	10	12	14	16	18	20	22	24	26	28	30
합계 점수	16	17	18	19	20	21	22	23	24	25	26	27	28	29	30
환산 점수	32	34	36	38	40	42	44	46	48	50	52	54	56	58	60
합계 점수	31	32	33	34	35	36	37	38	39	40	41	42	43	44	45
환산 점수	62	64	66	68	70	72	74	76	78	80	82	84	86	88	90
합계 점수	46	47	48	49	50	51	52	53	54	55	56	57	58	59	60
환산 점수	92	94	96	98	100										

표-3 유형별 분노점수 환산표

유형별 분노 환산점수 및 분노지수 계산방법

- 각 문항의 번호를 표-1의 답안지에 옮겨 적습니다.
- 각 문항의 번호가 1인 경우는 1점, 2는 2점, 3은 3점, 4는 4점, 5는 5점으로 계산합니다.
- 표-2의 가로 별로 각 문항 번호의 원점수를 넣고 원점수 합계를 구합니다.
- 각 항목별 원점수의 합을 다음 공식에 넣어 백분율 점수로 환산합니다.

  환산점수(백분율)=(각 원점수의 합÷50)×100 ※ 표-3 환산점수표를 참조하세요.

- 환산점수를 알파벳 순서에 맞추어 검사결과 프로파일에 옮겨 적습니다.
- 분노지수는 각 유형별 분노의 백분율 점수의 합을 전체 분노의 백분율로 나타낸 것입니다.

  분노지수(백분율)=(각 유형별 분노 백분율 점수의 합 ÷ 600)×100

- 유형별 분노점수 및 분노지수가 70점 이상일 경우 분노감정에 대한 전문가의 도움이 필요할 수 있습니다.

분노심리와 성격 이해하고 다루기

각 분노유형의 특징

돌발성(폭발성) 분노의 특징	잠재성 분노	생존성 분노
① 화가 빠르고 강력하게 밀려오면서 분노가 폭발한다. ② 한번 화가 나면 이성을 잃고, 말이나 행동을 통제하기가 어렵다. ③ 화가 나면 평상시의 모습이 아닌 다른 사람이 된다. ④ 화가 많이 나면 자신이 한 말이나 행동을 잘 기억하지 못한다. ⑤ 이성을 잃고 돌발적으로 분노가 일어나기 때문에 폭력적이다.	① 자신에게 피해를 주었다고 생각하는 모임이나 집단을 향해 분노가 장기적으로 쌓였을 때 일어난다. ② 자신이 불공평하다고 느끼는 상황에 대해 병적인 집착을 보인다. ③ 가해자 집단에게 도덕적인 분노와 증오를 나타내며 성격의 변화, 복수를 상상하며 가해자를 계획적으로 습격하는 등의 행동을 보인다. ④ 자신에게 피해를 준 가해자가 도덕적으로 타락하였으며 폭군이고 악랄한 사람이라고 굳게 믿고 있다. ⑤ 자신을 화나게 만든 사람들을 쉽게 용서하지 못한다. ⑥ 보통 자기의 화를 감추곤 한다.	① 자신이 육체적으로 위험한 상황에 처했을 때 살아남기 위한 대응책으로 발생한다. ② 두려움과 분노가 뒤섞였을 때 발생한다. 위기 상황에서 본능적으로 싸울 것인지 도망칠 것인지를 결정하는 반응을 한다. ③ 위협에 대한 반응으로써 두려움과 비슷한 감정으로 도망치는 대신 오히려 공격자에게 대항을 한다. 도망치고 싶은 두려움을 분노로 바뀌어 공격하는 것이다. ④ 현실을 과장하거나 왜곡하여 위험한 상황이 아님에도 불구하고 과도한 반응을 한다. ⑤ 생존성 분노의 근원은 공포, 극심한 스트레스와 트라우마이다. ⑥ 분노의 원인을 상대방에게 투사를 하거나 핑계를 댄다.
체념성(무력감) 분노	**수치심 분노**	**버림감 분노**
① 자신의 의지와는 상관없이 통제력을 잃었을 경우이다. 독립성이 강하고, 자기결정권, 사생활, 자제력을 중시하는 성향을 가진 사람에게서 많이 나타난다. ② 자신이 남에게 육체적, 정신적, 감정적으로 심한 상처를 받았다고 생각한다. ③ 자신이 처해 있는 무력감, 나약함, 절박함, 압도당한 느낌 등의 상황을 바꿔 보려고 모든 방법을 시도하고, 노력했지만 아무것도 변하지 않으면 무력감을 느끼게 된다. ④ 자신은 피해를 입은 사람이라고 생각하고 상처를 준 사람에게 복수할 권리가 있다고 생각하여 사람들에 대한 증오를 조용히 불태우고 있다.	① 사람들의 평가나 비판에 지나치게 민감하게 반응을 한다. ② 자신을 수치스럽게 만든 사람에게 욕설을 퍼붓는다. ③ 자신을 수치스럽게 만든 사람에게 폭력적인 행동을 한다. ④ 부끄러운 마음이 들면 화부터 낸다. 부끄러운 마음과 책망하는 마음의 교환이다. 다른 사람에게 수치심을 주어 자신의 수치심을 방어하는 것이다. ⑤ 의사소통 능력이 떨어진다.	① 자신의 신체적인 안전을 지키기 위해서이다. 어린 시절 부모, 양육자의 애정결핍과 정서적, 심리적으로 불안전한 환경 속에서 성장하였을 경우 버림받음에서 비롯된 분노감정을 갖게 된다. ② 질투가 심하다. 자신이 사회의 구성원으로서 존중받고 중요한 역할을 하고픈 욕구가 있다. ③ 과거에 자신이 믿고 의지해야 할 대상에게 버림받았거나 배신당했던 상처가 있는 사람들이 많다. ④ 자신을 아끼고 사랑하는 사람에게 속하고 싶은 욕구가 많다. ⑤ 의심이 많고 거절에 대한 두려움이 있다.

각 분노유형의 대처 방법

돌발성 (폭발성) 분노유형	① 돌발성 분노는 대부분 무의식중에 일어나므로 자신의 감정이나 느낌에 민감해야 한다. ② 자신의 분노가 표출하는 방식을 이해하고 통찰해야 한다. 분노표출의 빈도 수, 사건, 스트레스, 상황, 원인, 말, 행동, 통제력 등 자신의 분노에 대해서 잘 이해하고 통찰하는 것이 분노조절의 시작이다. ③ 자신의 분노를 인정해야 한다. 자신을 합리화 하거나 현재의 문제를 과거 탓으로 돌리거나 성격문제라든지, 작은 실수라는 생각을 버려야 한다. ④ 화가 진정될 수 있도록 타임아웃의 시간을 가져야 한다. ⑤ 화를 가라앉히도록 도움을 줄 수 있는 사람과 대화를 나눈다. ⑥ 분노관리교육, 적절한 약물치료, 상담치료, 명상 등 안전한 계획을 세워 분노를 다스리는 방법을 배워야한다. 즉, 분노가 발생할 수 있는 상황을 낮추어야 한다.
잠재성 분노유형	① 자신의 생각이나 감정, 행동이 잠재적 분노가 되지 않도록 해야 한다. ② 자신의 감정을 정리하고 대화로 풀어야 한다. ③ 화를 부추기는 부정적인 생각, 감정을 낮추어야 한다. ④ 상대방을 이해하고 공감하는 능력을 길러야 한다. ⑤ 용서와 화해로 마음속의 증오심을 해결해야 한다.
생존성 분노유형	① 보편적인 생각과 안전한 환경을 만들어야 한다. ② 자신이 처한 상황을 객관적으로 정확하게 인지해야 한다. ③ 안정감을 찾는 것이 중요하다. 위험을 감지했을 때 그 감정에 대해 의구심을 갖고 스스로 안정감을 찾을 수 있어야 한다. '진정하자, 천천히 생각하자, 긴장하지 말자, 위험하지 않다, 예민하지 말자 등 간단한 말을 연습해야 한다. ④ 과거의 트라우마에서 벗어나려고 노력하고 자신의 말을 진지하게 경청하고, 공감해주며 도움을 줄 수 있는 친구나 전문적인 상담 치료를 받는 것도 중요하다.
체념성 (무력감) 분노유형	① 자신의 삶을 스스로 조절할 수 있고, 선택할 수 있다는 생각과 자신감을 가져야 한다. ② 이 정도는 할 수 있겠지!, 이 정도는 하겠지!, 이 정도는 해주겠지! 하는 헛된 기대를 하거나 의지하지 말아야 한다. ③ 자신의 한계를 이해하고 수용해야 한다. ④ 자신에게 상처나 모욕을 준 사람에 대한 증오심을 놓아야 한다.
수치심 분노유형	① 수치심에서 비롯된 분노를 통제하겠다는 강한 의지가 필요하다. 자신을 합리화하지 않아야 한다. ② 자신이 경험한 수치심의 감정과 느낌을 객관적으로 정확히 인식해야 한다. ③ 자신의 분노를 통해 수치심에서 벗어났는지를 생각해 봐야 한다. ④ 수치심의 감정에 대면해야 한다. 자신의 내면에 오랫동안 자리 잡은 수치심의 근원을 직면하고 이해와 수용의 자세가 필요하다. ⑤ 자신에 대한 비합리적이고, 부정적인 생각을 합리적이고 긍정적인 생각으로 바꿔야 한다. ⑥ 다른 사람에 대한 인정과 존중을 해야 한다. ⑦ 상대방을 비판하지 말고 내가 먼저 수용하고, 인정하고, 칭찬해야 한다.
버림감 분노유형	① 분노의 패턴을 잘 살펴 주의해야 한다. 버림감의 분노는 분노의 대상이 배우자, 부모, 형제, 자식, 친한 친구 등 자기가 사랑하고 필요한 대상에게 일어난다. 그러므로 자신의 분노 패턴을 잘 살펴본 후 어떤 사람에게 주의해야 할지를 잘 파악해야 한다. ② 의심, 질투심, 불안 두려움에서 올라오는 분노를 막기 위해서 최선을 다해야 한다. ③ 자신이 사랑받고 있으며 필요한 존재라는 상대방의 사랑과 확신을 받아들여야 한다. ④ 과거의 상처에서 벗어나야 한다. ⑤ 과거에 자신을 거부하고 버렸던 사람들과 배신하고 냉대했던 사람들을 용서해야 한다.

분노심리와 성격 이해하고 다루기

분노는 인간의 여러 가지 감정 중의 하나이며, 인간 사회를 이끌어가는 원동력이다. 그러나 분노가 가지고 있는 강한 에너지가 부정적 감정에 휩싸일 때는 개인은 물론 사회 전체를 불안하게 만드는 원인이 될 수 있다. 이처럼 부정적 감정에 휩싸인 분노는 우리의 정신과 신체에 부정적인 영향을 주며, 건강하지 못한 분노 표출은 결국 자신은 물론 사회에 부정적인 영향과 상처를 남기게 된다. 하지만 모든 사람이 같은 상황에서 분노의 반응을 하는 것은 아니다. 분노는 사람마다 분노반응, 진전속도, 행동방식에 따라 다르게 나타난다. 이는 사람마다 분노의 감정에 휩싸이는 원인이 다르기 때문이다. 자신의 분노감정의 원인을 보다 객관적으로 볼 수 있는 지혜가 필요하다. 자신의 분노를 건강하게 다스리고, 분노의 감정이 부정적 감정에 휩싸여 공격적으로 표출되지 않도록 분노의 감정을 건강하게 표현하는 '마음표현 훈련'이 필요하다. 분노를 조절 할 수 있는 교육과 훈련 그리고 노력이 필요하다. 이러한 과정을 통해 대인관계에서 일어나는 갈등을 유연하게 대처할 수 있는 능력이 성장하고 성숙 되어질 수 있다. 자신과 타인을 이해할 수 있는 마음의 문이 넓어지는 것이다. 특히 성격(인격)및 행동장애는 청소년기 이전에 고치지 않으면 성인이 되어서는 고착되어 습관화, 성격화되기 때문에 적절한 시기에 치료와 교육 그리고 훈련이 필요하다.

분노심리 역동성 검사지의 저작권은 한국에니어그램 심리역동연구소에 있습니다. 개인의 분노심리의 역동성을 이해하고 성찰하는 목적으로 제공됩니다. 상업적 목적 사용은 연구소와 상의 후 사용하시기 바랍니다.

참고문헌

김경태. 비우고 채우는 나눔 실천. 서울: 프라임경제. 2014.

고영인 (1994). 대학생의 분노표현 양식과 우울 및 공격성과의 관계. 부산대학교 대학원 박사학위논문.

국가건강정보포털. http://health.mw.go.kr/HealthInfoArea/HealthInfo/

국가법령정보센터. http://www.law.go.kr/lsInfoP.do?lsiSeq=61603&efYd=19880225 #AJAX.

권석만, 한수정. 자기애성 성격장애. 서울: 학지사. 2007. 105.

권석만. 현대이상심리학 2판. 서울: 학지사. 2014. 387-593.

김남석. 문화일보. 2003. 2.

김맑아. 조선일보. 2010. 4.

김만홍. 성인아이 치유. 서울: 예지서원. 2011. 8-9.

김순용 (1998). 火病의 간호학적 槪念. 대한간호학회지. 29(6), 1225.

김용은. 에니어그램을 통해서 본 인간의 성격유형과 심리역동성. 서울: 도서출판 마음편한. 2014. 48.

김용숙. 한중록(閑中錄)연구. 서울: 정음사. 1987.

김춘경, 이수연, 이윤주, 정종진, 최웅용 공저. 상담의 이론과 실제. 서울: 학지사. 2013. 344-353.

김택성 (2008). 분노유발 사건과 분노표출과의 관계에서 특성분노와 인지적 평가자원의 매개효과.
    진주교육대학교 대학원 석사학위논문. 8.

남명자. 부모의 양육태도와 아동의 성격장애 서울: 학지사. 2010. 13-22.

미국국립보건원. NIH. http://www.ncbi.nlm.nih.gov/pmc/articles/PMC2796026/

미국정신분석학회 (2002). 정신분석용어사전. 이재훈 역. 서울: 한국심리료연구소.

민병배, 이한주. 강박성 성격장애. 서울: 학지사. 2007. 14-15, 112.

민성길 (1989). 화병(火病)개념에 대한 연구. 신경정신의학. 28(4), 28.

박성환. 당신의 아이는 지금 행복한가요. 서울: 북데일리. 2011.

신기현, 외 8명. 경찰학 사전. 서울: 법문사. 2012.

신승연 (2013). 어머니와의 애착유형과 유아의 분노표현과의 관계, 중부대학교 원격대학원, 석사학
    위논문. 17-21.

한국심리학회. 심리학용어사전. 2014.

위키백과사전. http://www.ko.wikipedia.org/wiki/

이관직. 성경과 분노심리. 서울: 도서출판 대서. 2007. 9-10.

윤대현. 자존감 떨어져 고민하는 당신, 목표 낮추고 남과 비교하지 마세요. 서울: 한국경제. 2011.

이명훈, 이명원. 편집성 성격장애. 서울: 학지사. 2009. 27-28.

분노심리와 성격 이해하고 다루기

이정혁. 체육과 스포츠의 철학적 탐구. 서울: 대한미디어, 2005. 218-219.

이정국. 체육과 스포츠의 철학적 탐구. 서울: 대한미디어. 2005.

이하나 (2009). 전위된 공격성 집단의 특성에 관한 탐색 연구. 부산대학교 대학원 석사학위논문.

이훈진. 이명원. 편집성 성격장애. 서울: 학지사. 2009. 18.

이훈구. 성격은 이렇게 형성된다. 서울: 법문사. 2010. 1-63.

장명수. 상담과 성장. 서울: 도서출판 문영사. 2009. 23-28.

전두현. 직장인의 스트레스 관리전략: 몸과 마음을 정화하라. 서울: 도서출판 두남. 2007. 2.

정태기. 위기목회상담. 서울: 대한기독교서회. 2005. 12-27.

조성호. 경계선 성격장애. 서울: 학지사. 2010. 20-21.

조영희 (2014). 성인애착, 기본 심리적 욕구 만족, 내면화된 수치심이 분노 표현 방식에 미치는 영
    향. 가톨릭대학교 상담심리대학원 석사학위논문.

최광선. 인간관계 명품의 법칙. 서울: 리더북스. 2006.

최창국. 영혼 돌봄을 위한 영성과 상담. 서울: 사)기독교선교회. 2011. 387.

최현석. 인간의 모든 감정. 서울: 서해문집. 2012. 115-141.

한기연. 「분노 스스로 해결하기」 서울: 학지사. 2009. 69-130.

황지연 (2013). 내면화된 수치심이 전위 공격성에 미치는 영향: 역기능적 분노 표현양식의 매개효과
    를 중심으로. 서강대학교 대학원 석사학위논문.

미국 정신의학협회. 1994. DSM-IV 정신장애 진단 및 통계 편람. 이근후 외 역. Diagnostic and
    Statistical Manual of Mental Disorders. American Psychiatric Association, APA. 788-810.

Andrew D Lester. The Angry Christian. 이희철, 허영자 역. 앵그리 크리스천. 서울: 돌봄. 2016.

Alan A. Cavaioa, Neil J. Lavender. 한수영 역. 성격을 읽는 기술. 서울: (사)한국물가정보. 2009. 95.

David Stoop, James Masteller. 정서준 역, 「부모를 나를 용서하기」 서울: 예수전도단. 2009. 24.

EBS 다큐프라임 (2014). 당신이 화내는 진짜 이유 3부작. 1부 원초적 본능(화의 비밀).

EBS 당신이 화내는 진짜 이유 제작팀. 당신이 화내는 진짜 이유. 서울: 토네이도. 2015.

EBS 다큐프라임 (2015). 학교란 무엇인가. 6부 칭찬의 역효과.

Ernie J. Zelinski. 박주영 역. 모르고 사는 즐거움. 서울: 중앙M&B. 1997.

Gerald C. Davison, John M. Neale. 이봉건 역. 이상심리학. 서울: Σ시그마프레스. 2000. 182.

Jane Nelsen. 김선희 역. 긍정의 훈육. 서울: 프리미엄북스. 2010.

John Bradshaw. 오제은 역. 상처받은 내면아이 치유. 서울: 학지사. 2009. 99.

John C. Nemiah. 유범희 역. 정신병리학의 기초: Foundationsof Psychopathology. 1997. 20-98.

Judson J. Swihart., Gerald C. Richardson., Gary Collins. 정태기 역. 기독교 상담 시리즈 5: 위기상
    담. 서울: 두란노. 2010. 26.

Mary Hartley. 이영 역. 직장에서 갈등을 해결하고 분노를 다스리는 기술: 화 다스리기. 서울: 한국
    능률협회. 2004. 8-47.

Ronald T. Potter-Efron. 전성로 역. 욱하는 성질 죽이기. 서울: 도서출판 다연. 2007. 44-247.

Redford Williams, Virginia Williams. 고경희, 조성희 역. 분노가 죽인다: 화를 다스리는 17가지 전
    략. 서울: 한국언론자료간행회. 1996. 95-164.

W. 휴 미실다인. 이석규 역. 몸에 밴 어린 시절. 서울: 카톨릭출판사. 2006.

Sybil Evans, Sherry Suib Cohen. 김태성 역. 다짜고짜 화부터 내는 사람 차근 차근 대화로 푸는 사
    람. 서울: 더난출판. 2002. 43-44.

나가오 가즈히로. 이선정 역. 병의 90%로 걷기만 해도 낫는다. 서울: 북라이프. 2016. 56-61.

Averill, J. R. (1982), Anger and aggression: An essay on emotion. New York: Springer-Verlag.

Bretherton I. Munholland KA. (1999). Internal Working Models in Attachment Relationships: A
    Construct Revisited. In Cassidy J, Shaver PR. Handbook of Attachment: Theory, Research
    and Clinical Applications. New York: Guilford Press. 89-114.

Cameron, N. (1963). Personality development and psychpathology. Boston: Minfflin Company.

Cook, D. R. (1988). Measuring shame: The internalized shame scale. Alcoholism Treatment
    Quarterly, 4 (2). 197-215.

Daniel G Amen. (1998). Firestorms in the brain: An inside look at violent behavior. Mindworks
    Press.

J. A. Feeney, and P. Noller, Adult Attachment (Thousand Oaks: SAGE, 1996), 5.

Novaco, R. W. (1979). The Function and Regulation of Arousal of Anger. American Journal of
    Psychiatry, 133, 1124-1127.

Robert M. Sapolsky. The wall street journal. January. 2015. 1.

Ronald T. Potter-Efron. (2010). RAGE: a step-by-step guide to overcoming explosive anger. 33-
    201.

Rothenberg, A. (1971). On anger. American Journal of Psychiatry, 128(4), 454-460.

Spielberger, C. D., Johnson, E. H., Russell, S., Crane, R. S., Jacobs,, G., &Worden, T. J. (1985).
    The experience and expression of anger: Consteuction and validation of an anger
    expression scale In Chesney, Margaret A. Rosenman, Ray H. (Ed), Anger and hostility
    incardiovascular and behavioral disorders. New York: Hemisphere. 5-30.

Spielberger, C. D., Reheiser, E. C., & Sydeman, S. J. (1995). Measuring the experience, expression
    and control of anger In H. Kassinover(Ed.).

Anger Disorder: Definition, Diagnosis, and treatment. Taylor & Francis. 1-26.

분노심리와 성격 이해하고 다루기